HEYNE
BÜCHER



HEYNE KOCHBÜCHER

# INHALT

Die Rezepte sind, wenn nicht anders angegeben,
für 4 Personen berechnet.

**Abkürzungen und Erklärungen:**

| | | | |
|---|---|---|---|
| EL | = Eßlöffel | kg | = Kilogramm |
| TL | = Teelöffel | l | = Liter |
| g | = Gramm | | |

1 Tasse (1 cup) entspricht exakt 0,237 l, wobei hier etwas variiert werden kann. Idealerweise benutzt man zum Kochen einen amerikanischen Meßbecher, den es in guten Haushaltswarengeschäften zu kaufen gibt.

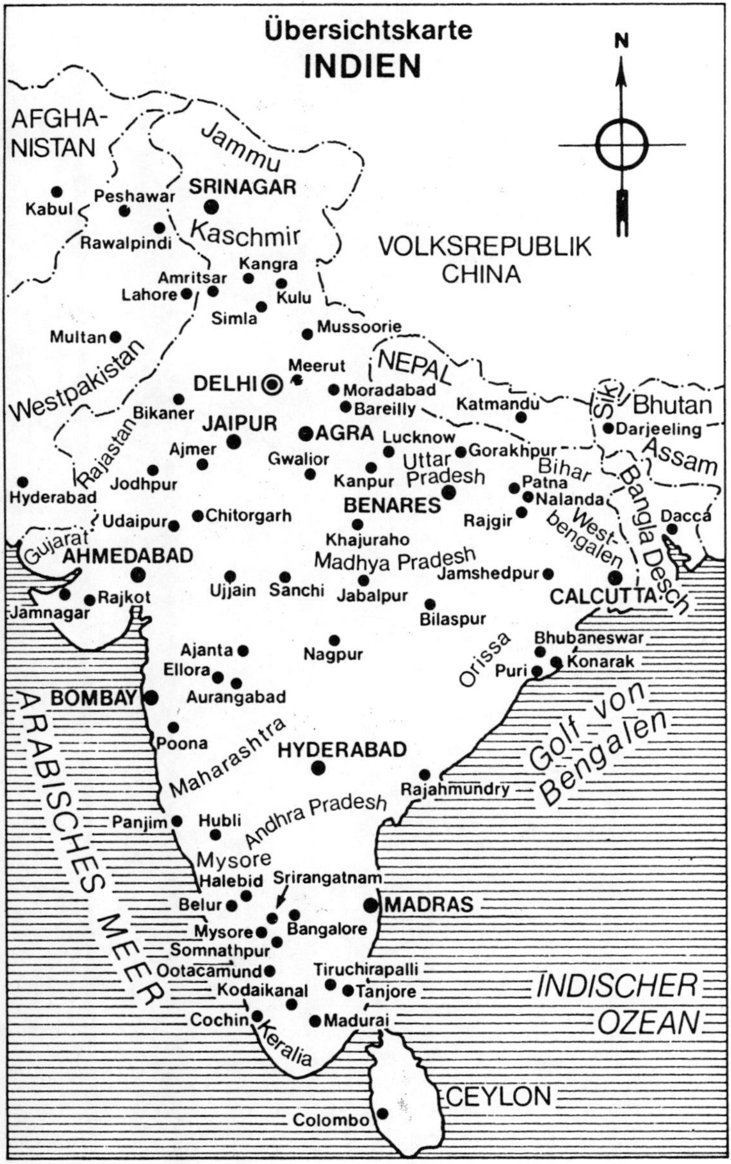
Übersichtskarte
INDIEN
N
AFGHANISTAN
Jammu
Kabul
Peshawar
SRINAGAR
Rawalpindi
Kaschmir
VOLKSREPUBLIK CHINA
Kangra
Amritsar
Lahore
Kulu
Simla
Mussoorie
Multan
Westpakistan
Meerut
NEPAL
DELHI
Moradabad
Bareilly
Katmandu
Sik
Bhutan
Bikaner
JAIPUR
AGRA
Lucknow
Darjeeling
Rajastan
Ajmer
Gwalior
Gorakhpur
Assam
Uttar Pradesh
Bihar
Jodhpur
Kanpur
Patna
Hyderabad
Nalanda
BENARES
Bangla Desch
Udaipur
Chitorgarh
Rajgir
West-bengalen
Dacca
Khajuraho
Gujarat
AHMEDABAD
Madhya Pradesh
Jamshedpur
Ujjain
Sanchi
Jabalpur
CALCUTTA
Jamnagar
Rajkot
Bilaspur
Orissa
Bhubaneswar
Ajanta
Nagpur
Konarak
Ellora
Puri
BOMBAY
Aurangabad
Golf von Bengalen
ARABISCHES MEER
Poona
Maharashtra
HYDERABAD
Rajahmundry
Panjim
Hubli
Andhra Pradesh
Mysore
Halebid
Srirangatnam
Belur
MADRAS
Mysore
Bangalore
Somnathpur
Ootacamund
Tiruchirapalli
INDISCHER OZEAN
Kodaikanal
Tanjore
Cochin
Madurai
Keralia
CEYLON
Colombo

# Namastay – Willkommen in Indien!

*Indien* – nur ein Drittel der Fläche der Vereinigten Staaten, aber dreimal so viele Einwohner.

*Indien* – feuchte, heiße Dschungel voller geheimnisvollem Leben.

*Indien* – kalte, unfruchtbare und unbewohnte Gebirge im Himalaja mit Temperaturen unter dem Nullpunkt.

*Indien* – supermoderne Städte, Wolkenkratzer, Klimaanlagen, Promenaden und extravagante Mode.

*Indien* – Elend, Schmutz, Krankheiten, Bettler, Hunger und noch einmal Hunger.

*Indien* – unvorstellbarer Reichtum und unerträgliche Armut.

Paradox? Ja, Indien ist heute noch ebenso paradox wie vor fünftausend Jahren, als im Industal bereits eine blühende Kultur bestand, während die Menschen in Europa noch in Höhlen lebten.

*Indien* – wo die Leute den Schirm aufspannen, wenn die Sonne scheint, und sich die Schuhe über die Schultern hängen, sobald es regnet.

*Indien* – wo das Leben einer Ameise von größter Wichtigkeit, das menschliche Leben jedoch nebensächlich ist.

*Indien* – wo das Fasten als Demonstration der Gewaltlosigkeit gilt, wo aber gerade durch das Fasten Gewalt entsteht.

*Indien* – dessen Philosophie eine Philosophie des Friedens ist, dessen religiöse Literatur (Ramayana) jedoch mit Gewalttätigkeit durchsetzt ist.

*Indien* – ein Land, das für den Frieden eintritt und ihn selbst nur selten kennengelernt hat.

*Indien* – wo nach dem großen kosmischen Plan alle Menschen gleich sind, wo aber in Wirklichkeit einige gleicher sind als andere.

*Indien* – umgeben vom Arabischen Meer, vom Bengalischen Golf und vom Indischen Ozean; ein V-förmiges Land, an zwei Seiten fast ohne Nachbarn.

*Indien* – im Norden begrenzt von Pakistan, Burma und Rotchina; Land des Feudalismus, der Grenzscharmützel, des Krieges und der latenten Kriegsgefahr.

*Indien* – dessen Entstehung in einer fernen, unbekannten Vergangenheit liegt. Der Sage nach lag der Garten Eden im indischen Kaschmir-Tal. Schon vor 500000 Jahren soll es in Indien Menschen gegeben haben. Die indische Vergangenheit vor der Einwanderung der Indogermanen zwischen 2400 und 1500 v. Chr. ist so mit Mythen verwoben in den Büchern BHAGAVADGITAS, MAHABHARATA und RAMAYANA dargestellt, daß man nicht mehr entscheiden kann, wo die Wirklichkeit endet und die Fantasie beginnt. Der Durchschnittsinder glaubt inbrünstig und ohne zu fragen an diese quasireligiösen Schriften.

## *Der Zusammenhang zwischen Ernährung und Religion*

In den meisten Ländern der westlichen Welt ißt man, um satt zu werden. In Indien dagegen besteht zwischen Ernährung und religiösen Gebräuchen ein sehr enger Zusammenhang.

Jeder Inder ist sich zutiefst bewußt, daß alle Nahrung von den Göttern kommt. Deshalb wird jede Mahlzeit zu einem religiösen oder geistigen Akt. Die Hindus opfern in den Tempeln ihren Göttern Nahrungsmittel, z.B. Reis, Kokosnüsse, Ghee (gereinigte Butter), Milch, Gewürze oder Süßigkeiten. Eine besonders strenggläubige Hindusekte, die Jains, streuen sogar Zucker vor Ameisenhügel, und andere stellen ein mit Milch gefülltes Gefäß in die Nähe eines Schlangennestes. Die Kuh ist den Hindus heilig, sie essen niemals ihr Fleisch.

Bei besonderen Festen, z.B. Hochzeiten, Verlobungen, Totenfeiern etc., ist es Sitte, nicht nur die geladenen Gäste zu bewirten, sondern auch unzählige Bettler. In endlosen Prozessionen ziehen sie zu dem Haus oder dem Dorf, in dem ein Fest gefeiert wird.

Interessanterweise ist aber der Brauch, die Armen zu speisen, nicht auf die Hindus beschränkt, sondern auch unter Moslems und Christen weit verbreitet. Am St.-Antonius-Tag (Dienstag) stehen die Bettler in langen Reihen neben den Altären des Heiligen, wo Brotlaibe an sie verteilt werden.

In einem indischen Haus wird jedem Gast eine Erfrischung gereicht, auch dem unvorhergesehenen Besucher, der nur für kurze Zeit Schutz vor einem Unwetter sucht. Selbst der ärmste Gastgeber wird seinem Gast wenigstens einen Milchtee anbieten. Diese Form der Gastfreundschaft ist mehr als bloße Höflichkeit, denn der Besucher wird als unerklärlicher Teil des Schicksals seines Gastgebers angesehen. Der unerwartete Gast wird als Abgesandter der Götter betrachtet und bietet dem Gastgeber die Möglichkeit, die religiöse Pflicht des Gebens zu erfüllen. Man muß diese Gast-

freundschaft in jedem Fall annehmen, um nicht das religiöse Empfinden seines Gastgebers zu verletzen.
Besonders bei strenggläubigen Hindus ist es Sitte, eine Platte voller Essen für Reisende und Wanderer auf die Veranda zu stellen, bevor der Herr des Hauses sich zu Tisch setzt. Die zugedeckten Speisen werden außerhalb des Hauses hingestellt, damit der hungrige Wanderer sich nicht zum Bettler erniedrigen muß. Eine der schönsten indischen Weisheiten lautet: »Die Menge, die eine Person essen kann, kann auch unter zehn Personen geteilt werden. Aber die Menge, die zehn Personen essen können, kann ein einzelner Mensch nicht bewältigen.«

## *Seltene Fleischsorten*

In Indien ißt man viele für Bewohner westlicher Länder ungewöhnliche Fleischsorten. Hier nenne ich Ihnen nur einige:

| | |
|---|---|
| *Kamel* | Im Pandschab und im nördlichen Indien sehr gebräuchlich. |
| *Wasserbüffel* | In verschiedenen Landesteilen gebräuchlich. Das Fleisch ist dem Rindfleisch sehr ähnlich. Man kann es eigentlich nur an der etwas gelblichen Farbe des Fettes erkennen. |
| *Fettschwanzschaf* | Eine besondere Schafrasse. Das Fleisch dieser Tiere wird hauptsächlich von Moslems an ihrem höchsten religiösen Feiertag gegessen. |
| *Ziege* | Ziegenfleisch ist überall in Indien sehr beliebt, sowohl bei den Moslems als auch bei den nicht vegetarisch lebenden Hindus. |

Außer den genannten Fleischsorten gibt es noch besondere Delikatessen (z.B. Schafsaugen, Fleisch von ungeborenen Kälbern und Haifischfleisch), die von manchen Kasten und religiösen Gruppen in den verschiedensten Landesteilen besonders geschätzt werden.

## *Tabus und Bräuche*

Der durchschnittliche Inder ist eine komplizierte Persönlichkeit, ungeachtet seines manchmal etwas blasiert erscheinenden Äußeren. Diese Kompliziertheit wächst mit seiner Intelligenz. Solange er energisch bestreitet, abergläubisch zu sein, glaubt er aller Wahrscheinlichkeit nach noch an Astrologen, an die Bewegungen der Sterne und ihren Einfluß auf seine Studien, seine Hochzeit, Gesundheit, Geschäfte usw. Es sollte einen Menschen der westlichen Welt nicht wundern, daß ein Inder von Abstraktem und Metaphysischem durchdrungen ist. Schließlich ist Indien ja die Wiege des abstrakten Denkens. Auch wenn ein Inder europäisch oder amerikanisch erzogen wurde, hat er doch viele der alten Bräuche und Lebensanschauungen bewahrt, was ihn zu einem außergewöhnlich interessanten Menschen macht.

Wenn sich auch viele der Tabus und Bräuche, über die ich im folgenden sprechen will, nicht unversehrt bis heute erhalten haben, so ist doch sicher, daß man überall in Indien noch ihren Einfluß spürt.

*Der böse Blick* – Lange Zeit war man in Indien der Überzeugung, daß ein Mensch einen anderen durch Blicke verzaubern könne. Wenn man zum Beispiel ein Baby ansah und dazu »Was für ein niedliches, gesundes Kind« sagte, versetzte man die junge Mutter in Angst und Schrecken. Selbst heutzutage tragen die meisten indischen Babys noch ein Amulett um den Hals oder wenigstens eine einfache Schnur, die den Blick von dem Kind ablenken soll.

*Die linke Hand* – Da man in Indien die linke Hand als unrein betrachtet, bietet oder nimmt man nichts mit der linken Hand.

*Bärte* – Die meisten Hindus legen keinen besonderen Wert auf Bärte. Für die Moslems aber ist der Bart ein heiliges Symbol. Man sollte jede Bemerkung über den Bart vermeiden und ihn auf keinen Fall berühren.

*Tischsitten* – In den westlichen Ländern denkt sich niemand etwas dabei, jemand anderem etwas von dem Teller anzubieten, von dem man gerade ißt. In Indien ist das sogar zwischen den engsten Familienmitgliedern absolut tabu. Man bietet nichts an, was irgendwie mit dem Mund in Berührung gekommen ist, sei es ein Glas, ein Bissen oder der Rest auf dem Teller.

*Respekt* – Dem alten Menschen wird in Indien der größte Respekt entgegengebracht. Auch der Mensch, der eine besondere Bildung oder große Fähigkeiten besitzt, kann sich der Achtung seiner Mitmenschen gewiß sein. Reichtum flößt dem Inder mehr Scheu als Respekt ein und findet nicht so viel Beachtung wie in der westlichen Welt.

*Hindugötter* – Der Hinduismus kennt mehr als 300 Millionen Götter, die aber alle nur als Teile eines großen Brahma, der unsichtbar und unveränderlich ist, verstanden werden. Das Universum ist von Brahma geschaffen worden und wird nach genau 4320000 Jahren zerstört werden, um dann für denselben Zeitraum wiederzuerstehen. Der Hinduismus ist eigentlich weniger eine Religion als vielmehr eine Weltanschauung, eine Philosophie. Alle Religionen werden respektiert und toleriert, deshalb fehlt jeder missionarische Eifer. Das oberste Prinzip des Hinduismus besteht in der Freiheit eines jeden Menschen, für sich selbst einen eigenen Lebensweg zu suchen. Die Hindus glauben an eine unteilbare Höchste Seele, die sich in den einzelnen Seelen in verschiedener Gestalt offenbart. Eines Tages verschmelzen diese Seelen wieder mit der Höchsten Seele. Diesen Weg der Erlösung kann jede Seele durch verschiedene Wiedergeburten selbst bestimmen.

## *Noch einige Informationen über Indien*

Indien weist eine Fläche von etwa 3,3 Millionen Quadratkilometern auf. Die Bevölkerungszahl nähert sich der 850-Millionen-Grenze oder anders ausgedrückt: Etwa jeder siebente Mensch auf der Welt ist ein Inder.

Indien leitet seinen Namen von dem Fluß Indus ab, der früher Sindhu genannt wurde. Daraus wiederum entstand Hind und dann Ind, womit man das Land jenseits des Flusses meinte. Die Menschen nannte man Hindus.

Ungefähr 80% der indischen Bevölkerung sind Hindus, die übrigen gehören verschiedenen Religionen an (11% Muslime, 2,4% Christen, 1,1% Sikhs, 0,7% Buddhisten, 0,5% Dschainas, 120000 Parsen).

Indiens Kultur ist eine der ältesten der Welt. Als die Indogermanen um 1500 v. Chr. nach Indien kamen, fanden sie bereits eine hochentwickelte Kultur vor.

Im modernen Indien besteht das Kastenwesen offiziell nicht mehr, das Indien doch zu Recht oder Unrecht so berühmt gemacht hatte. Das Wort Kaste stammt vom portugiesischen »casta«. Bevor die Portugiesen nach Indien kamen, gebrauchte man das Wort »varna«, das soviel hieß wie Farbe, Abstammung oder Rasse. Die Indogermanen haben das Kastensystem eingeführt. Ursprünglich gab es vier: *Brahmins* – Gelehrte und Priester, *Kshatriyas* – Herrscher und Soldaten, *Vaisyas* – Händler und Kaufleute – und *Sudras* – ungebildete Arbeiter. Alle, die sich in dieses Kastensystem nicht einordnen ließen, waren *Parias* oder auch Unberührbare. Später teilte sich diese strenge Gesellschaftsordnung, und es entstanden mehr als zweitausend Kasten und Unterkasten, die untereinander verfeindet waren und den Fortschritt der Nation hemmten.

Indien ist die einzige Demokratie der Welt, in der die Frauen nicht um ihr Stimmrecht kämpfen mußten.

Indien steht in der Reihe der Filmproduzenten mit mehr als 900 Filmen pro Jahr an erster Stelle. Als Massenmedien sind insbesondere die ca. 2500 vielsprachigen Tageszeitungen hervorzuheben.

In Indien gibt es 15 Hauptsprachen und 844 Dialekte. Die offizielle Landessprache ist Hindi, welches von 45% der Bevölkerung verstanden wird. Englisch besteht weiterhin als allgemeine Geschäftssprache. Diese ist auch insofern von Bedeutung, als Indien sich zu einer aufstrebenden Industriemacht entwickelt. Seine Hauptexportartikel sind Textilien, Perlen, Edelsteine, Schmuck, Lederprodukte und Tee. Importiert werden Erdöl, Chemikalien, Eisen und Stahl sowie Düngemittel.

# Das Wesentlichste über die Curry-Küche

Man weiß nicht genau, woher das Wort »Curry« eigentlich stammt. Sicher ist nur, daß es kein indisches Wort ist und aller Wahrscheinlichkeit nach während der englischen Regierungszeit entstanden ist. Vielleicht war einmal ein englischer Soldat in einem indischen Haus zu Gast und bekam zum Abendessen »Turkari«, ein Gemüsegericht. Als er später seinen Freunden in England davon berichtete, konnte er sich nicht mehr genau an den Namen erinnern und schrieb einfach »Kari«, was dann später zu »Curry« wurde. Vielleicht kommt der Name aber auch von einem anderen Gemüsegericht mit dem Namen »Kuddy«, das man hauptsächlich in Bombay bekommt. Wie dem auch sei, heutzutage ist »Curry« ein indisches Wort, und das wird es auch bleiben, obwohl wir Inder unsere Gerichte nicht pauschal als Currygerichte bezeichnen, sondern immer nach der Art der Zubereitung benennen. Zum Beispiel sind »Molees« Currygerichte, die mit Kokosmilch zubereitet werden, »Kormas« dagegen werden mit Joghurt und »Vindaloos« mit Essig hergestellt. Man kann also sagen, daß ein Currygericht niemals nur ein Currygericht ist, daß aber andererseits »Korma«, »Molee« und »Vindaloo« immer Currygerichte sind.

## *Was ist eigentlich Currypulver?*

Viele Leute glauben, daß Curry ein Kraut oder eine Wurzel ist, das oder die man zerrieben unter eine Sauce mischt, die dann Currysauce heißt. In Wirklichkeit gibt es für die Herstellung von Currypulver keine festen Regeln. Es besteht aus einem Gemisch verschiedener Kräuter, Gewürze und aromatischer Samenkörner. Die Anzahl der verschiedenen Zutaten schwankt zwischen drei und dreißig.

Fast alle indischen Hausfrauen stellen täglich ihre Gewürzmischungen selbst her, und zwar genausoviel, wie sie gerade brauchen. Wenn man nur ab und zu indische Gerichte kocht, kann man sich diese langwierige Prozedur sparen und die handelsüblichen Currypulver verwenden. Sie sind meistens sehr scharf, besonders die aus Indien importierten. Ich ziehe es vor, mein Currypulver nach eigenen Rezepten herzustellen, weil man so, je nach Bedarf, ein bestimmtes Aroma besonders hervorheben kann. Das handelsübliche Currypulver schmeckt eben immer gleich! Außerdem enthält es verschiedene Füllstoffe, z.B. Reismehl, die beim Braten in der Pfanne schnell verbrennen und dem Gericht einen bitteren Geschmack geben. Ich gebe Ihnen ab Seite 31 in diesem Buch einige Rezepte für Currypulver. Sie können diese verschiedenen Mischungen in fest verschließbare Gewürzgläser füllen und an einem dunklen, kühlen Platz beinahe unbeschränkt lange aufbewahren.

## *Gewürze*

Falls Sie Ihr Currypulver selbst herstellen wollen, müssen Sie keineswegs ein halbes Gewürzlager einrichten! Es genügt, wenn Sie folgende Gewürze vorrätig haben:

*Kardamom* (ganz und gemahlen)
*Gewürznelken* (ganz und gemahlen)

*Koriander* (gemahlen)
*Kreuzkümmel* (ganz und gemahlen)
*Knoblauch* (ganz und als Pulver)
*Ingwer* (gemahlen und aus der Dose)
*Kurkuma* (gemahlen)

Falls Sie aber sehr häufig indische Gerichte zubereiten wollen, sollten Sie Ihren Gewürzvorrat nach dieser Liste zusammenstellen:

*Anis* (ganz)
*schwarzer Pfeffer* (ganz und gemahlen)
*Kümmel* (ganz und gemahlen)
*Kardamom* (ganz und gemahlen)
*Zimt* (ganz und gemahlen)
*Gewürznelken* (ganz und gemahlen)
*Kokosflocken* (ungesüßt)
*Koriander* (ganz und gemahlen)
*Kreuzkümmel* (ganz und gemahlen)
*Dillsamen*
*Knoblauch* (ganz und als Pulver)
*Ingwer* (gemahlen und aus der Dose)
*Zitronensaft*
*Senfkörner*
*Safran*
*Kurkuma* (gemahlen)

## Kokosmilch

Für viele Rezepte benötigen Sie Kokosmilch. Sie erhalten sie, indem Sie entweder frische oder getrocknete, in jedem Fall aber ungesüßte Kokosflocken in kochendem Wasser oder in kochender Milch einweichen. Die Flüssigkeit kann auch halb und halb aus

Milch und Wasser bestehen. Nehmen Sie zwei Teile Flüssigkeit auf einen Teil Kokosflocken.

*Dicke Kokosmilch* – Gießen Sie die heiße Milch (oder halb Wasser, halb Milch) über die Kokosflocken. Wenn die Mischung etwas abgekühlt ist, pressen Sie sie durch ein feines Tuch oder Sieb, bis alle Flüssigkeit durchgetropft ist.

*Dünne Kokosmilch* – Diesmal schütten Sie kochendheißes Wasser auf die Kokosflocken und verfahren genau wie beim ersten Mal. Sie können auch die Mischung, die Sie für die dicke Kokosmilch gebraucht haben, wiederverwenden.
Anmerkung: Verwenden Sie niemals gesüßte Kokosflocken!

## Öle und Fette

In Indien werden in den verschiedenen Landesteilen auch sehr unterschiedliche Fette und Öle, z.B. Erdnuß-, Mais-, Soja-, Sonnenblumenöl etc. verwendet. Im Süden wird hauptsächlich mit Kokosöl gekocht, in Bengalen nimmt man fast ausschließlich Senföl und in Bombay Sesamöl. Wenn man es ganz richtig machen und das beste Aroma erhalten will, nimmt man am besten *Ghee* (geklärte Butter, ähnlich unserem Butterschmalz), obgleich das in Indien ein teurer Spaß ist, den man sich nur an besonderen Festtagen leistet. Dieses Butterfett ist in Indien-Spezialgeschäften erhältlich. Wenn Sie es selbst herstellen wollen, müssen Sie folgendes beachten:

Ungefähr 500 g Butter in einen dickwandigen, irdenen Topf geben (oder in ein Wasserbad) und $\frac{1}{2}$ bis $\frac{3}{4}$ Stunde kochen. Dann den Topf vom Feuer nehmen, damit sich der Rückstand setzen kann, und die klare Butterflüssigkeit durch ein Seihtuch laufen lassen. »Ghee« bewahren Sie am besten in einer verschlossenen Dose im Kühlschrank auf. Erschrecken Sie nicht, wenn das Fett hart wird. Das ist völlig normal.

Sie müssen nicht unbedingt alle Öle, die ich oben genannt habe, ausprobieren. Es genügt völlig, wenn Sie ein gutes Pflanzenöl oder -fett mit ungesättigter Fettsäure verwenden.

## *Wo Sie die Zutaten erhalten*

Fast alle Zutaten, die in diesem Buch verwendet werden, können Sie in jedem größeren Supermarkt erstehen. Falls das eine oder andere nicht zu bekommen sein sollte, versuchen Sie es in einem großen Feinkostgeschäft. Schwierig könnte es werden mit ungesüßten Kokosflocken. Falls Sie nur gesüßte erhalten können, müssen Sie sie gut in kaltem Wasser waschen. Dann können Sie sie genau wie ungesüßte weiterverarbeiten.
Rosenwasser, Sesam- und Kokosöl bekommen Sie in Reformhäusern. Verschiedene Chutneys erhalten Sie in großen Supermärkten, in den Lebensmittelabteilungen der Kaufhäuser und in Feinkostgeschäften. Falls es einmal ganz schlimm werden und Sie irgend etwas nirgendwo bekommen sollten, dann können Sie es noch versuchen:

1. Bei irgendeinem indischen Restaurant.
2. Bei irgendeiner Gewürzfirma.
3. Bei den im Anhang (Seite 192) aufgeführten Geschäften.

## *Maße und Verhältnisse*

Kochen ist eine Kunst und verlangt Vorstellungsvermögen und Mut. Ein guter Koch wird niemals alle Mengenangaben haargenau befolgen, sondern sich immer auch nach seinem eigenen Geschmack richten, besonders wenn er Gerichte aus fremden Ländern zubereitet. Ich selbst habe dreißig Jahre lang an jedem Rezept »ein bißchen von diesem, ein bißchen von jenem« gekocht, bis ich

notgedrungen genauer werden mußte, um meine Rezepte zu Papier bringen zu können. Aber ich bestehe nach wie vor darauf, daß jeder Koch neben dem Rezept auch seine Fantasie benutzt.
Es ist überhaupt nicht wichtig, ob ein Eßlöffel gehäuft, gestrichen oder knapp voll ist. Es kommt nur darauf an, daß das Verhältnis der Gewürze untereinander ungefähr gleich bleibt. Ein Beispiel: In einem Rezept werden 1 EL Koriander und 1 TL Kreuzkümmel verlangt. Das Verhältnis ist also 3:1 (3 TL Koriander und 1 TL Kreuzkümmel). Falls Sie von dem einen oder anderen etwas zuviel oder zuwenig nehmen, ist das keine Katastrophe.
Ich habe mich über drei Jahrzehnte mit der indischen Kochkunst beschäftigt und viele unterschiedliche Mengenangaben in den einzelnen Curryrezepten gefunden. Es hängt sehr davon ab, aus welchem Landesteil ein Rezept stammt. Ich habe mich bemüht, die Rezepte in diesem Buch zwar etwas zu verfeinern, aber sie auf keinen Fall zu verändern. Nur den scharfen Pfeffer habe ich weggelassen. Ich gebe ihn in jedem Rezept gesondert an, so daß Sie ihn verwenden können, wenn Sie mögen.

## *Richtig oder falsch?*

Beinahe jeder meint, daß zu einem richtigen Currygericht Reis gehört. Das ist weder richtig noch falsch. In einigen nördlichen Gegenden wird fast ausschließlich Brot gegessen. Alle Brotsorten werden selbst gemacht, einige sind ungesäuert, andere werden gebraten, wieder andere gebacken. Im Kapitel »Brot« werden Sie einige Rezepte finden.
Im Süden Indiens wird hauptsächlich Reis gegessen. Man kennt dort viele verschiedene Zubereitungsarten. Reis ist keineswegs Reis: Ich glaube, es gibt ungefähr tausend verschiedene Sorten von unterschiedlicher Güte. Für einige Gerichte, z.B. »Biriani« oder »Pulao«, verwendet man nur 5 bis 10 Jahre alten Reis. Für »Kidcherie« (eine Art Mus) nimmt man neuen oder grünen Reis.

Normalerweise müssen Sie zu Ihrem Currygericht keine Beilagen servieren. Wenn Sie aber das Vergnügen Ihrer Gäste noch erhöhen wollen, so können Sie einige Beilagen dazulegen.
Meistens werden in Indien Currygerichte mit verschiedenen Chutney-Saucen serviert, die es von süß bis scharf in vielen Geschmacksrichtungen gibt.
Neben Chutney-Saucen werden oft »Pappadams« und »Bombil« serviert. »Pappadams« sind dünne Waffeln, ungefähr so groß wie eine Untertasse. Sie werden aus Erbsenmehl gemacht und sind sehr würzig. Man erhält sie in guten Feinkostgeschäften, bäckt sie 10 Sekunden lang in heißem Öl und kann sie dann entweder so essen oder über einem Currygericht zerkrümeln. »Bombil« (Bombay-Ente) ist ein getrockneter Fisch, der im Arabischen Meer gefangen wird. Er schmeckt ähnlich wie Speck und wird deshalb auch »Speck des Meeres« genannt. Er wird ebenfalls kurz in heißem Öl gebraten und in kleinen Stücken über dem Essen verteilt.
Es gibt eine Unmenge verschiedenster, appetitanregender Beilagen, die Sie zu Ihrem Essen servieren können. Die Rezepte für »Burthas«, »Fugaths«, »Sambals«, »Raitas« und andere finden Sie in diesem Buch. Dabei wird Ihnen auffallen, daß die Liste der Zutaten oft Kokosflocken, Rosinen, gehackte Zwiebeln und Nüsse enthält. Die indische Frau ist eine geniale Köchin. Ihr würde es nie einfallen, einfach nur Rosinen zu servieren, wenn sie mit etwas Essig, braunem Zucker, Ingwer und Knoblauch ein herrliches Rosinen-Chutney zaubern kann. Und warum sollte sie Kokosflocken servieren, wo doch ein bißchen Fantasie, Kokosflocken, Zitronensaft und Zwiebeln ein »Kokos-Sambal« entstehen lassen? Auch aus simplen Zwiebeln wird mit Hilfe von etwas Sesamöl, Zitronensaft, Salz und Chilipfeffer ein toller Salat, der sicher appetitanregender ist als rohe Zwiebeln.

## *Getränke zu Currygerichten*

*Bier* Die Briten haben dieses Getränk in Indien eingeführt. Heute ist es das gebräuchlichste Getränk zu Currygerichten. Ob Sie es hell oder dunkel wählen, bleibt Ihrem Geschmack überlassen.

*Weine* Obwohl es nicht unbedingt korrekt ist, kann man heute ohne weiteres auch Wein zu einem Currygericht trinken. Sie sollten aber in jedem Fall einen schweren, trockenen Weißwein wählen. Ich möchte Ihnen folgende empfehlen: Chablis, trockenen Sauternes, Riesling, Pinot, Chardonnay. Falls einer Ihrer Gäste nichts für Weißwein übrig hat, können Sie auch einen guten Rosé servieren.

*Toddy* Dieses Getränk ist in Indien heimisch. Es wird aus dem Saft verschiedener Palmarten vergoren, auch als »Palmwein« bezeichnet und hat eine milchweiße Farbe.

*Arrak* Ein hochprozentiger Schnaps, der aus Reis oder Palmsaft destilliert wird. Man findet Arrak auch in den meisten Ländern des Mittleren Ostens.

*Kaffee* Kaffee ist in Indien ein etwas ungebräuchliches Getränk. Nur im Süden trinkt man ihn mit gewisser Regelmäßigkeit, und zwar sehr dunkel und stark.

*Tee* Normalerweise trinkt man in Indien den Tee mit Milch und Zucker, manchmal werden die Blätter sogar in kochender Milch gebrüht. Eis- und Zitronentee kennt man überhaupt nicht.

Es gibt eine Legende von einem buddhistischen Heiligen, der, nachdem er fünf Jahre lang ohne Unterbrechung gebetet hatte, eines Tages müde wurde und einschlief. Darüber war er so erzürnt, daß er sich die Augenlider abschnitt und wieder fünf Jahre lang ohne Unterbrechung betete. Als er erneut Müdigkeit verspürte, kaute er einige Blätter eines Strauches, der neben ihm wuchs, und

fühlte sich plötzlich heiter und wach. So wurde der Sage nach die belebende Wirkung der Teepflanze entdeckt.
Heute ist Indien der größte Teelieferant der Erde, China steht erst an fünfter Stelle. Teeblätter werden in verschiedenen Sorten angeboten. Die beste Sorte, der sogenannte »Pekoe tip« oder »Flowery pekoe« besteht nur aus den feinsten Blättern der Blattknospen, die am äußersten Ende der Zweige wachsen. Von etwas geringerer Qualität ist der »Orange pekoe«, der die nächstjüngeren Blätter enthält, die direkt unterhalb der Blattknospe wachsen. Die nächstunteren Blätter bilden die dritte Sorte, den »Pekoe«. Und wiederum aus den nächsten entsteht »Souchong First«. Im allgemeinen gibt es drei verschiedene Teesorten (nicht Mischungen), nämlich den schwarzen Tee, der sehr stark fermentiert oder vergoren ist, den grünen, der überhaupt nicht, und den »Oolong«, der nur zum Teil fermentiert ist.

# Eine echt indische Mahlzeit

Während der englischen Kolonialzeit wurde in Indien sehr viel Wert auf Prachtentfaltung gelegt. Der Wohlstand des Gastgebers zeigte sich in der Anzahl seiner Diener, die bei einer Mahlzeit das Essen servierten und von denen jeder ein anderes Gericht oder eine Beilage trug. Diese Sitte erhöhte nicht unbedingt den Genuß der Mahlzeit, sondern befriedigte eher den Stolz des Gastgebers. Sie können also mit ruhigem Gewissen auch ohne Dienerschaft ein echt indisches Mahl servieren. Hier sind einige Menüvorschläge; die Rezepte finden Sie alle im Rezeptteil dieses Kochbuches (s. Register).

MENÜ I

| | |
|---|---|
| *Hors d'œuvres:* | Pakoras (gemischt) |
| *Suppe:* | Dhal mit Kohl |
| *Reis:* | Pulao (einfach) |
| *Curry:* | Rindfleisch-Curry aus Kalkutta |
| *Beilagen:* | Raita, Zwiebel-Sambal, scharfe Mango-Chutney-Sauce |
| *Dessert:* | Shrikhand |
| *Getränke:* | Tee oder Chablis |

Dieser Menüvorschlag ist weder kompliziert noch zeitraubend. Falls Sie einen indischen Gast mit diesem Essen bewirten wollen, versäumen Sie nicht, ihn zu fragen, ob er Fleisch ißt, und wenn ja, ob es auch Rindfleisch sein darf. Falls er Vegetarier ist, ersetzen Sie das Rindfleisch-Curry durch ein beliebiges Gemüse-Curry.

MENÜ II

| | |
|---|---|
| *Hors d'œuvres:* | Fleisch-Samosas, Auberginen-Bhajia |
| *Suppe:* | Dhal Channa |
| *Brot:* | Puries |
| *Reis:* | Pulao mit Blumenkohl |
| *Curry:* | Lamm-Korma |
| *Gemüse:* | Auberginen-Curry |
| *Beilagen:* | Raita, Tomaten-Chutney, süßes Mango-Chutney |
| *Dessert:* | Gulab Jamon oder Rasgulla |
| *Getränke:* | Tee oder Kaffee |

Dieses Menü ist etwas reichhaltiger als das vorige, und Sie brauchen auch etwas mehr Zeit für die Zubereitung. Zum Essen wird Bier getrunken.

MENÜ III

| | |
|---|---|
| *Hors d'œuvres:* | Gemüse-Samosas |
| *Suppe:* | Erbsen-Dhal |
| *Brot:* | Chappati (einfach) |
| *Reis:* | Pulao (einfach) |
| *Curry:* | Mischgemüse-Curry |
| *Beilagen:* | Raita (unbedingt nötig), Kokos-Chutney |
| *Dessert:* | Suji Halva |

Normalerweise trinken Vegetarier keinen Alkohol, aber es gibt auch Ausnahmen. Nach dem Essen reichen Sie Tee.

## *Das richtige Servieren*

Zwar gibt es seit der Kolonialzeit in Indien auch Tafeltücher, Silberbesteck und Porzellan, aber trotzdem speisen die meisten Inder auch heute noch wie ihre Vorfahren. Offen gesagt, wir glauben, daß das Essen erst richtig schmeckt, wenn man es mit den Fingern ißt. Es ist gar nicht so einfach, den Reis zu einem kleinen Ball zu formen und mit einem eleganten Schwups in den Mund zu befördern. Man sitzt dabei auf dem Boden auf einer bestimmten Matte, sozusagen auf dem Eßplatz, und statt Tellern benutzt man Messingtabletts, in Südindien auch Bananenblätter oder die Blätter des Mandelbaums, die mit kleinen Stöckchen zusammengesteckt werden. In Indien serviert man die verschiedenen Gänge nicht nacheinander wie in westlichen Ländern, sondern man stellt alle Speisen auf ein großes Tablett, und zwar zehn bis fünfzehn verschiedene pro Mahlzeit. In Südindien würden sich folgende Gerichte auf diesem Tablett befinden: Idli oder Dosai; Salz; Chutney; Achars oder Pickles; Raita oder eine andere Joghurtspeise; Pappad oder Chappati oder ein anderes Brot; ein Dessert; Reis (gewürzt); ein trockenes Gemüsegericht; Dhal; Curry; eine Sauce; ein Gericht mit Milch; gekochter Reis; Ghee.
Die einzelnen Gerichte sind sorgfältig aufeinander abgestimmt, die Geschmacksrichtungen reichen von süß bis brennend scharf, und die Kombinationsmöglichkeiten sind nicht zu zählen. Jeder Gast kann nach eigenem Geschmack wählen und ist nicht gezwungen, eine bestimmte Reihenfolge einzuhalten.

## *Darauf müssen Sie gefaßt sein!*

Indische Gäste sind nicht die einfachsten! Das will ich Ihnen nicht verheimlichen, damit Sie keine Enttäuschung erleben. Sie müssen sich darauf gefaßt machen, daß Ihr Gast, wenn er für acht Uhr eingeladen war, manchmal erst um neun Uhr erscheint. Aber er

wird niemals vergessen, Ihnen ein kleines Geschenk mitzubringen.
Seien Sie bitte nicht allzusehr verwundert, wenn er Ihnen geradeheraus erklärt, daß er das, was Sie gekocht haben, nicht gerne ißt. Falls er es nicht direkt sagt, wird er dennoch kein Hehl aus seiner Abneigung machen.
Inder sind sehr kinderlieb, und es kann Ihnen ohne weiteres passieren, daß Ihr Gast sich den ganzen Abend mit Ihren Kindern beschäftigt und Sie überhaupt nicht beachtet.
Im allgemeinen lieben Inder keine Haustiere, das gilt besonders für die Moslems, die Hunde als unrein betrachten. Sie scheuen sich nicht, das Tier wegzuscheuchen, manchmal geben sie ihm auch einen Schubs, was aber nicht böse gemeint ist, sondern nur das Tier fernhalten soll.
Zu Hause sind die Inder ihren Frauen gegenüber nicht sehr hilfsbereit, aber sobald sie im Ausland eingeladen sind, sind sie von einer rührenden Fürsorglichkeit gegenüber ihrer Gastgeberin und immer bestrebt zu helfen. Nutzen Sie dieses Angebot.
Manche Inder haben die Angewohnheit, ihre Suppe zu schlürfen und nach dem Essen aufzustoßen. Am besten ignorieren Sie das.
Auch die Harmlosigkeit, mit der Ihre Gäste indiskrete Fragen stellen, wird Sie verblüffen, aber in Indien findet man nichts dabei, sich nach dem Alter eines Menschen zu erkundigen, nach seinem Gehalt, nach der Höhe der Miete usw. Sie können diese Fragen entweder beantworten, überhören oder einfach die Gegenfrage stellen. Dann werden Sie feststellen, daß Ihr Gast Fragen ohne Bedenken sofort beantwortet.
Viele Inder haben überhaupt kein Zeitgefühl. Sie sitzen manchmal Stunden um Stunden. Auch nachdem sich die Gastgeberin zurückgezogen hat und der Herr des Hauses einem Nervenzusammenbruch nahe ist, sind sie nur schwer zum Gehen zu bewegen.
Jetzt ist es aber an der Zeit, zu bemerken, daß alle Verallgemeinerungen mehr oder weniger ungerecht sind. Es kommt eben auf den einzelnen Menschen an. Wenn Ihr Gast gebildet, weit gereist

und mit den Lebensgewohnheiten der westlichen Welt vertraut ist, wird sich sein Benehmen in nichts von dem eines anderen Gastes unterscheiden. Diese Aufzählung sollte Ihnen nur einen noch genaueren Einblick in das Wesen eines indischen Menschen geben, denn es ist ja möglich, daß Sie eines Tages einen Gast empfangen, der geradewegs aus Indien kommt und sich den westlichen Sitten noch nicht angepaßt hat.

***Eine wichtige Anmerkung!***

*Für viele Rezepte in diesem Buch brauchen Sie die gleichen Zutaten, aber glauben Sie nicht, daß die Gerichte dadurch eintönig werden! Das Geheimnis der indischen Küche liegt in der Verwendung der Gewürze, von denen jedes eine ganz besondere, eigene Wirkung hat. Erst durch die Kombination der einzelnen Gewürze entstehen die verschiedensten Gerichte.*

# Verschiedene Currypulver

## *Mäßig scharfes Currypulver aus dem Pandschab*

*15 Kardamomkapseln · 5 EL schwarze Pfefferkörner*
*5 EL Korianderkörner · 4 EL Kümmel*
*1½ EL ganze Gewürznelken · 1½ EL gemahlener Zimt*

Die Kardamomkapseln öffnen und die Körner mit allen anderen Zutaten (außer dem Zimt) in eine Gewürzmühle oder einen Mixer geben und so lange mahlen, bis die Mischung zwar fein, aber auch noch etwas körnig ist. Sie darf auf keinen Fall puderförmig sein. Anschließend den Zimt hinzufügen und das Pulver in einem luftdicht verschlossenen Gefäß aufbewahren.

## *Mildes Currypulver*

*½ Tasse Korianderkörner · 4 EL Safran · 2 EL Kreuzkümmel*
*2 EL Senfkörner · 1 EL zerkleinerte rote Pfefferschoten*
*2 EL Mohnsamen*

Alle Zutaten leicht körnig mahlen und gründlich mischen. Das Pulver in einem luftdichten Gefäß aufbewahren.

## *Sehr scharfes Currypulver*

| |
|---|
| *½ Tasse Korianderkörner · 5 EL schwarze Pfefferkörner* |
| *1 EL ganze Nelken · 2 EL Kreuzkümmel* |
| *2 EL geschälte Kardamomkörner · 1 EL Muskatblüte* |
| *½ Tasse Kurkumapulver · ½ TL Cayenne-Pfeffer* |
| *1 EL gemahlener Zimt · ½ EL gemahlener Ingwer* |

Alle ganzen Gewürze in einer Gewürzmühle oder einem Mörser körnig mahlen, dann die bereits gemahlenen Zutaten hinzufügen und gut mischen. Wie oben beschrieben aufbewahren.

## *Gutes, einfaches Currypulver*

| |
|---|
| *1 Tasse gemahlener Koriander* |
| *½ Tasse gemahlener Kreuzkümmel* |
| *½ Tasse Kurkumapulver* |
| *¼ Tasse gemahlener Ingwer* |

Alle Zutaten gut vermischen und das Pulver in ein luftdicht verschlossenes Gefäß füllen.

v. o. n. u.: *Fleisch-Samosas, Alu and Tamatar, Alu-Tiki*
(Rezepte Seite 44, 134 und 164)

## *Currypaste*

*8 EL gemahlener Koriander · 2 EL Kurkuma*
*2 EL schwarzer Pfeffer · 4 TL gemahlener Ingwer*
*3 EL Salz · 4 EL Erbsenmehl*
*4 TL gemahlener Kreuzkümmel · ½ TL Cayenne-Pfeffer*
*3 EL Senfpulver · 1 EL Knoblauchpulver*
*4 EL Zucker · heller Essig nach Bedarf · 1 Tasse Öl*

Alle Zutaten (außer Essig und Öl) gut vermischen und so viel Essig unterrühren, daß eine dicke Paste entsteht. Das Öl in einer großen Kasserolle erhitzen und die Paste darin unter dauerndem Rühren 15–20 Minuten kochen, bis die Mischung dicklich und fast trocken ist. Nach dem Auskühlen die Paste luftdicht verschlossen aufbewahren. Man kann sie als Kräckeraufstrich oder auch statt Currypulver bei vielen Rezepten verwenden.

# Vorspeisen

## *Suji Karkarias*

Süße Kardamomküchlein

*2 Tassen Milch · 2/3 Tasse Zucker · 2/3 Tasse Stärkemehl*

*1 EL Butter · 2 Eier · 1 TL Kardamompulver*

*Pflanzenöl zum Ausbacken*

Milch und Zucker in einem Topf zum Kochen bringen und unter dauerndem Rühren das Stärkemehl hinzufügen. Dann die Butter hineingeben und langsam weiterkochen, bis die Mischung dickt. Den Topf vom Feuer nehmen und auskühlen lassen. Die Eier 2 Minuten lang schlagen und anschließend zusammen mit dem Kardamom unter den kalten Teig mischen. Das Öl in einer tiefen Pfanne erhitzen, einen Löffel voll Teig hineingeben und das Küchlein auf beiden Seiten braun backen. Wiederholen, bis der Teig aufgebraucht ist. Die kleinen Kuchen werden kalt serviert.

## *Nan-Khatai*

Süße Mandelplätzchen

*1/2 Tasse Butter · 1/2 Tasse Zucker · 1/2 Tasse Mehl*

*3/4 Tasse Stärkemehl · 1 TL Muskatpulver*

*1/4 Tasse feingeschnittene Mandeln*

Butter und Zucker schaumig rühren, Mehl und Stärkemehl hineinsieben und kräftig mischen. Zum Schluß das Muskatpulver hinzufügen und den Teig etwa 1 Stunde ruhen lassen. Anschließend noch einmal gut durchkneten, Mandeln zufügen und kleine Bällchen formen. Diese auf beiden Seiten leicht abflachen und auf ein gefettetes Backblech legen. Bei 220 °C goldbraun backen. Mit einem Holzstäbchen nachprüfen, ob die Plätzchen innen gar sind. Der Teig reicht für ungefähr 35 Plätzchen.

## *Krabben-Schnitzel*

Für 4–6 Personen:

*500 g Krabben (Garnelen) · 1 TL Kurkuma*

*1 Prise Cayenne-Pfeffer · ½ TL Knoblauchpulver*

*1 EL gemahlener Koriander · ½ TL gemahlener Kreuzkümmel*

*1 mittelgroße Zwiebel (fein gehackt)*

*1 EL Kokosflocken · 2 EL Semmelbrösel · Salz*

*Pflanzenöl zum Braten*

Die Krabben waschen, schälen und ausnehmen. Anschließend 4 Minuten in Wasser kochen. Das entfällt bei Dosenkrabben. Tiefkühlkrabben auftauen und nach Vorschrift kochen.

Anschließend in einem Mixer oder Mörser sorgfältig zerquetschen und mit allen anderen Zutaten gründlich vermischen. Mit leicht bemehlten Händen aus dem Teig kleine Ovale (ca. 2 cm dick) formen und schwimmend in heißem Fett goldbraun braten.

# *Matthi*

Kräcker

(Foto Seite 87)

Für ca. 48 Kräcker:

*375 g Mehl (ungesiebt)*

*3 EL warmes, zerlassenes Pflanzenfett, dazu 1 TL Fett zum Kneten*

*¾ TL Ajowansamen (zerstoßen) · 1 TL Salz*

*⅛ TL Backpulver · 2 EL einfacher Joghurt*

*10 EL handwarmes Wasser · 50 g Mehl zum Bestäuben*

*Erdnuß- oder Maisöl zum Ausbacken*

Mehl in eine Schüssel geben und 3 EL Fett langsam hineinreiben. Ajowan, Salz und Backpulver untermengen. Joghurt mit Wasser mischen und langsam zum Mehl gießen, bis sich der Teig kneten läßt.

Den Teig auf ein Nudelbrett legen. Finger und Handflächen mit dem restlichen Fett einreiben, damit der Teig nicht klebt, und den Teig dann 10 Minuten kneten. Er muß fest, aber elastisch sein. In eine gefettete Schüssel geben, mit einem Tuch abdecken und 30 Minuten bei Zimmertemperatur ruhen lassen. Anschließend noch einmal 1 Minute durchkneten. In 8 gleiche Teile zerschneiden und diese zu Kugeln formen. Jeweils eine Kugel auf das Nudelbrett legen, mit reichlich Mehl bestäuben und zu einem Kreis mit 25 cm Durchmesser ausrollen. Mit einer Plätzchenform von ca. 5 cm Durchmesser runde Kräcker ausstechen. Mit einem scharfen Messer 4–6 kurze Einschnitte in der Mitte der Kräcker machen, damit sie während des Backens nicht zu sehr aufgehen. Mit dem restlichen Teig ebenso verfahren.

Öl in einer tiefen Pfanne oder Friteuse erhitzen. 6–8 Kräcker auf einmal einlegen. Die Kräcker sinken erst zu Boden und steigen dann zischend an die Oberfläche. Öfters wenden und etwa 3 Minuten ausbacken. Nicht zu dunkel werden lassen. Die Kräcker sollten so blaß wie möglich aussehen. Mit einem Schaumlöffel herausnehmen und zum Abtropfen auf Küchenpapier legen. Abkühlen lassen und in luftdichten Behältern aufbewahren. So halten sie sich 8–10 Wochen frisch.

## *Pakoras*

Gebackenes Gemüse

Dies ist eines meiner liebsten Rezepte. Das indische Original ist äußerst kompliziert und zeitraubend, deshalb habe ich es etwas abgewandelt. Jetzt können Sie innerhalb weniger Minuten eine herrliche Vorspeise für unerwartete Gäste zubereiten!

---

*Kleine Stückchen von allen oder einigen*
*dieser Gemüsesorten: Kartoffeln, grüne Paprikaschoten,*
*Auberginen, Zwiebeln, Spinat, Kürbis,*
*oder fast jedes andere Gemüse*

---

Aus 2 Tassen Mehl, 1 Ei und etwa 1 Tasse Wasser, Milch oder Buttermilch einen dicken Pfannkuchenteig herstellen, Currypulver hinzufügen (1 EL Pulver auf 2 Tassen Teig) und nach Geschmack salzen. Einen Zwiebelring oder ein anderes Gemüsestückchen in den Teig tauchen. Falls der Teig nicht haftet, tropfenweise Pflanzenöl hinzufügen. Nacheinander alle Gemüsestückchen eintauchen und im heißen Öl goldbraun backen. Heiß servieren.

## *Zwiebel-Bhajia*

Für 12 Personen:

*4 Tassen Erbsenmehl · 1 EL Backpulver*

*½ TL Salz · 1 TL gemahlener Kreuzkümmel*

*Wasser nach Bedarf · 250 g Zwiebeln (in dünnen Scheiben)*

*Pflanzenöl zum Ausbacken*

Das Erbsenmehl mit Backpulver, Salz und Kreuzkümmel vermischen und genug Wasser einrühren, daß ein dicker Teig entsteht. Die Zwiebeln dazugeben. Das Öl erhitzen und die mit Teig überzogenen Zwiebelringe schwimmend ausbacken. Heiß servieren.

## *Auberginen-Bhajia*

Für 12 Personen:

*2 große Auberginen · 4 Tassen Erbsenmehl*

*½ TL Salz · 1 EL Backpulver*

*1 EL gemahlener Kreuzkümmel*

*Pflanzenöl zum Ausbacken*

Die Auberginen in Stücke schneiden (ungefähr 7–8 cm lang, 5 cm breit und 1 cm dick). Das Erbsenmehl mit Salz, Backpulver und Kreuzkümmel vermengen und so viel Wasser hinzufügen, daß ein dicker Teig entsteht. Die Auberginenstücke hineingeben und anschließend ein Stück nach dem anderen in heißem Öl schwimmend ausbacken. Es ist wichtig, daß jedes Stückchen völlig vom Teig umhüllt ist.

## *Krabben-Bhajia*

Für 6 Personen:

*250 g Krabben (Garnelen) · 2 Tassen Mehl*

*1 TL Kurkuma · 1 mittelgroße Zwiebel (gehackt)*

*½ TL Knoblauchpulver · 1 TL Pfefferminze*

*2 geschlagene Eier · Salz nach Geschmack*

*1 Prise Cayenne-Pfeffer · Pflanzenöl zum Ausbacken*

Die Krabben waschen, schälen, ausnehmen und kochen. Anschließend, je nach Größe, in 6–8 Stücke schneiden. Das Mehl mit dem Kurkumapulver vermengen und die gehackte Zwiebel, das Knoblauchpulver, die Pfefferminze und die Eier hinzufügen und alles gut vermischen. Falls der Teig zu dick wird, ein bißchen warme Milch, Buttermilch oder Joghurt hinzugeben. Anschließend die Krabbenstücke unter den Teig mischen und mit Salz und Cayenne-Pfeffer abschmecken. Das Öl in einer tiefen Pfanne erhitzen und immer nur einen Löffel der Mischung goldbraun braten.

## *Erbsen-Bhajia*

Für 12 Personen:

*500 g frische oder tiefgekühlte Erbsen*

*4 Tassen Erbsenmehl · 1 TL Backpulver*

*1 EL gemahlener Kreuzkümmel · 1 TL Salz*

*Pflanzenöl zum Ausbacken*

Die Erbsen kochen und abtropfen lassen. Das Erbsenmehl mit dem Backpulver, dem Kümmel und dem Salz vermischen und so viel Wasser hinzufügen, daß ein dicker Teig entsteht. Die Erbsen hineingeben. Das Öl in einer schweren Pfanne erhitzen, einen Löffel voll Erbsenmischung hineingeben und goldbraun backen. Fortfahren, bis der Teig aufgebraucht ist. Die Küchlein heiß servieren.

## *Namak Pare*

Fritierte Plätzchen

*1 Tasse Mehl · 1 EL Butter · ½ TL Salz*

*½ TL Kümmel · 2 EL Joghurt · Pflanzenöl zum Ausbacken*

Das Mehl in eine Schüssel sieben. Die Butter erhitzen und rauchend heiß zu dem Mehl geben, dann das Salz, den Kümmel und zum Schluß nach und nach den Joghurt hinzufügen. Den Teig wenigstens 10 Minuten lang kneten und dann auf einem bemehlten Brett gut 1 cm dick ausrollen. Jetzt das Öl in einem schweren Topf oder einer tiefen Pfanne erhitzen. Den Teig in kleine Quadrate schneiden und jeweils eine Handvoll in schwimmendem Fett ausbacken. Abtropfen lassen und servieren.

## *Auberginen-Stäbchen*

Für 12–15 Stäbchen:

*1 große Aubergine · 2 Tassen Mehl*

*1 TL beliebiges Currypulver · ¼ TL gemahlener Ingwer*

*¼ TL gemahlene Nelken · ½ TL Zwiebelpulver*

*¼ TL Knoblauchpulver · ½ TL Kurkuma*

*1 Ei · 1½ Tassen Milch oder Wasser*

*Pflanzenöl zum Ausbacken*

Die Aubergine in 7–8 cm lange und 2 cm breite Streifen schneiden. Das Mehl mit allen Gewürzen vermischen, das Ei hinzugeben und mit 1½ Tassen Milch oder Wasser einen dicken Pfannkuchenteig herstellen. Die Auberginenstreifen eintauchen und anschließend in heißem Öl goldbraun backen.

## *Gemüse-Samosas*

Für ca. 25 Küchlein:

*2 mittelgroße Kartoffeln (gewürfelt)*

*½ Tasse grüne Erbsen · 4 EL Butterfett*

*1 große Zwiebel (gehackt) · 1 EL Currypulver*

*1 Prise Knoblauchpulver · Salz nach Geschmack*

Das Gemüse ankochen und abtropfen lassen. Das Butterfett in einem Topf erhitzen, die Zwiebeln hineingeben und goldbraun braten. Dann Curry, Knoblauchpulver und Salz hinzufügen und weitere 1 bis 2 Minuten kochen. Anschließend das Gemüse hineingeben und auf kleiner Flamme köcheln lassen, bis es zart ist.

Den Topf vom Feuer nehmen und auskühlen lassen. Den Teig genau wie im Rezept Fleisch-Samosas (siehe Seite 44) zubereiten, die Küchlein füllen und backen wie dort beschrieben.

## *Dhal Samosas*

Für ca. 25 Küchlein:

*1 Tasse halbe gelbe Erbsen*

*½ TL gemahlener Koriander · 1 Prise gemahlene Nelken*

*1 mittelgroße Zwiebel (gehackt) · 1 Prise Zimt*

*Salz nach Geschmack · 4 EL Butter · 1 Prise Knoblauchpulver*

*1 TL gemahlener Kreuzkümmel · 1 Prise gemahlener Ingwer*

*1 Prise Kardamompulver*

Alle Zutaten (außer Öl) in einen großen Kochtopf geben und ungefähr 5 cm hoch Wasser einfüllen. Kochen lassen, bis die Erbsen weich sind und das Wasser verkocht ist. Falls noch etwas Wasser vorhanden sein sollte, die Erbsenmischung in einem sehr feinen Sieb abtropfen lassen.

Den Teig wie im Rezept für Fleisch-Samosas (siehe Seite 44) zubereiten, ausrollen, mit der Erbsenmischung füllen und ausbacken wie dort beschrieben.

## *Fleisch-Samosas*

(Foto Seite 33)

Für ca. 25 Fleischküchlein:

*3 EL Butterfett · ½ Tasse gehackte Zwiebeln*

*2 Knoblauchzehen (gehackt) · 1¼ TL gemahlener Koriander*

*1 Prise gemahlener Ingwer · ¼ TL gemahlener Kreuzkümmel*

*1 TL Salz · 1 Prise Zimt · 1 Prise gemahlene Nelken*

*350 g Rinderhack*

Für den Teig:

*2 Tassen Mehl · 4 EL Butter · ½ Tasse Joghurt*

*1¼ TL Salz · Pflanzenöl zum Ausbacken*

Das Butterfett in einer tiefen Pfanne erhitzen. Zwiebeln, Knoblauch, Koriander, Ingwer, Kreuzkümmel, Salz, Zimt, Nelken hinzufügen und 3 Minuten sanft kochen lassen. Das Hackfleisch hineingeben, alles gut vermischen und weitere 30 Minuten auf etwas größerer Flamme kochen, dabei häufig umrühren. Falls nach dieser Zeit noch Flüssigkeit vorhanden ist, muß sie restlos abgegossen werden.

Das Mehl in eine Schüssel sieben, die Butter für den Teig schmelzen und zufügen, zuletzt noch den Joghurt hineingeben, salzen und den Teig gut durchkneten. Falls der Teig zu fest wird, etwas Wasser oder Buttermilch hinzufügen. Anschließend 30 Minuten ruhen lassen, danach nochmals kneten, bis der Teig geschmeidig ist. Ein walnußgroßes Stück abbrechen und ausrollen (so dick wie ein 5-Mark-Stück).

Inzwischen das Öl in einem Fritiertopf erhitzen. Auf die ausgerollten Teigstückchen etwas von der Fleischmischung geben, den Teig halb zusammenfalten und die Kanten mit kaltem Wasser fest verkleben. Die Küchlein in heißem Öl schwimmend backen, bis sie goldbraun sind, dann abtropfen lassen und noch heiß servieren.

# *Kartoffel-Frikadellen*

(Foto Seite 87)

| |
|---|
| *1 kg Kartoffeln · 1 TL Salz* |
| *2 EL feingehackte Minze · 1 Zwiebel (gehackt)* |
| *1 frische grüne Chili (entkernt und fein gehackt)* |
| *1 verquirltes Ei · Semmelbrösel zum Panieren* |
| *Pflanzenöl zum Ausbacken* |
| FÜR DIE FÜLLUNG: |
| *250 g Hackfleisch, zubereitet wie für Fleisch-Samosas (Seite 44)* |

Die Kartoffeln kochen und zerdrücken. Salz, Minze, Zwiebeln und Chili untermengen. In 10 Portionen teilen, Bällchen formen und flach drücken. In die Mitte jeweils einen Löffel Fleischfüllung geben, die Kartoffelmasse darum schließen und zu einer dikken, runden Pastete formen. In dem verquirlten Ei, dann in Semmelbröseln wenden und in heißem Öl goldbraun ausbacken.

# Suppen

## *Reissuppe*

Für 8 Personen:

| | |
|---|---|
| *1 Tasse Reis* | *1 kleine Zwiebel (gehackt)* |
| *2 l Wasser* | *½ Tasse dicke Kokosmilch (s. Seite 20)* |
| *Salz nach Geschmack* | *½ TL schwarzer Pfeffer* |
| *1 Eidotter* | *1 EL zerkleinerte rote Pfefferschoten* |

Den Reis zusammen mit der Zwiebel so lange im Wasser kochen, bis eine breiige Masse entstanden ist. Den Topf vom Feuer nehmen und den Brei durch ein Sieb streichen. Kokosmilch, Salz und schwarzen Pfeffer hinzufügen und alles anschließend wieder zum Kochen bringen. Das Eidotter hineinrühren und zum Schluß den roten Pfeffer hinzufügen.

# *Dhal mit Pfeffer*

Für 4–6 Personen:

*1 Tasse Linsen · 1 l Wasser · 1/4 Tasse Pflanzenöl*

*1 mittelgroße Zwiebel (gehackt) · 1/2 TL Knoblauchpulver*

*1 EL gemahlener Koriander · 1/2 TL Senfkörner*

*1/4 TL zerkleinerte rote Pfefferschoten · 1 TL Kurkuma*

*1/2 TL gemahlener Kreuzkümmel · 1/4 TL schwarzer Pfeffer*

*Salz nach Geschmack · 2 EL Zitronensaft*

Die Linsen im Wasser weich kochen. Die Zwiebel im heißen Fett bräunen und mit allen Gewürzen noch 5 Minuten lang weiterkochen lassen. Diese Mischung zusammen mit dem Zitronensaft zu den Linsen geben und alles noch weitere 20 Minuten kochen.

# *Dhal mit Kohl*

*1 Tasse Linsen*

*1 mittelgroße Zwiebel (in dünnen Scheiben)*

*2 Tassen Wasser · 2 Tassen kleingeschnittener Weißkohl*

*Pflanzenöl oder Butterfett · 1 große Zwiebel (gehackt)*

*1/2 TL Knoblauchpulver · 1 TL gemahlener Kreuzkümmel*

*2 EL Zitronensaft · 1 TL Kurkuma · 1 EL Tomatenmark*

*Salz nach Geschmack*

Die Linsen und die Zwiebelringe ungefähr 15 Minuten im Wasser kochen, dann den Kohl hineingeben und weiterkochen, bis die Linsen gar sind. Inzwischen das Öl in einer Pfanne erhitzen und die gehackte Zwiebel darin bräunen. Anschließend alle anderen Zutaten hinzufügen und unter dauerndem Rühren 5 Minuten lang auf kleiner Flamme kochen. Den Inhalt der Pfanne in die Linsensuppe geben und umrühren.

## *Dhal Channa*

Erbsensuppe

| Für 4–6 Personen: |
|---|
| *1 Tasse halbe gelbe Erbsen · 3 Tassen Wasser* |
| *1½ TL Salz · 1 TL Kurkuma* |
| *½ TL zerkleinerte rote Pfefferschoten (nicht unbedingt nötig)* |
| *1 EL Butterfett · 1 große Zwiebel (gehackt)* |
| *1 TL gemahlener Ingwer · 1 TL Currypulver* |
| *2 EL gehackte frische Minze (oder beliebige frische Kräuter)* |

Die Erbsen 30 Minuten lang in Wasser einweichen. 3 Tassen Wasser zum Kochen bringen und die eingeweichten Erbsen hineingeben. Anschließend Salz, Kurkuma und roten Pfeffer hinzufügen und alles auf kleiner Flamme eine Stunde lang kochen lassen, bis die Erbsen gar sind. Inzwischen das Butterfett in einer Pfanne erhitzen. Zwiebeln, Ingwer, Currypulver und frische Kräuter darin 5 Minuten dünsten und anschließend zur Erbsensuppe geben. Umrühren und servieren.

# *Dhal mit Kichererbsen*

Für 4–6 Personen:

*1 Tasse Kichererbsen · 1½ EL Butterfett*

*2 mittelgroße Zwiebeln (gehackt) · 4 Knoblauchzehen (gehackt)*

*2 TL gemahlener Ingwer · 2 EL frische Petersilie*

*1 TL Kurkuma · 2 TL Salz*

*½ TL zerkleinerte rote Pfefferschoten (freigestellt)*

*1 EL Currypulver · 4 große Tomaten (in Scheiben)*

*3 EL Zitronensaft*

Die Kichererbsen mindestens 12 Stunden in 1 l Wasser einweichen. Anschließend die Erbsen im selben Wasser weichkochen, dann abtropfen lassen und das Kochwasser aufheben. Inzwischen das Butterfett in einer Pfanne erhitzen und Zwiebeln, Knoblauch, Ingwer und Petersilie 1 Minute darin dünsten. Dann Kurkuma, Salz, roten Pfeffer und Currypulver dazugeben und 1 weitere Minute dünsten. Jetzt die Tomatenscheiben hineingeben und noch einmal 5 Minuten kochen. Die Erbsen in diese Mischung geben und mit 1 Tasse Kochwasser aufgießen. Weitere 30 Minuten kochen. Den Zitronensaft zugeben und den Topf vom Feuer nehmen. Diese Suppe schmeckt aufgewärmt am besten.

## *Toor Dhal mit Schalotten*

(Foto Seite 87)

*1 Tasse halbe gelbe Erbsen (Toor Dhal)*

*1 l Wasser · ½ TL Kurkuma · 3 EL Öl*

*1 Tasse kleine Schalotten (in Scheiben) · 1 Tasse Wasser*

*2 EL Tamarindenextrakt · 1½ TL Salz*

*2 EL Curry · 1 EL Butterfett · ½ TL Kreuzkümmel*

Die Erbsen im Wasser mit Kurkuma 1½ Stunden leise köcheln. Die Schalotten im Öl dünsten. Wasser, Tamarindenextrakt, Salz und Curry hinzufügen und kochen, bis die Schalotten gar sind. Mit dem Dhal vermischen. Den Kreuzkümmel in Butterfett anbraten und über das Dhal geben.

## *Meeta Dhal*

Linsensuppe

Für 4–6 Personen:

*1 Tasse Linsen oder gelbe Erbsen*

*6 Scheiben Ingwerwurzeln · 1 große Zwiebel (in Ringen)*

*2 grüne Pfefferschoten · 1 l Wasser · ¼ Tasse Pflanzenöl*

*1 große Zwiebel (gehackt) · 1 TL Knoblauchpulver*

*Salz nach Geschmack · 1 TL Kurkuma*

Die Linsen oder Erbsen zusammen mit den Ingwerwurzelscheiben, den Zwiebelringen und den grünen Pfefferschoten in 1 l Was-

v. o. n. u.: *Pikante Auberginen, Panir-Curry, Auberginen-Bhurta*
(Rezepte Seite 129, 160 und 128)

ser kochen, bis die Linsen gar sind. Die gehackte Zwiebel in heißem Öl braten, Knoblauchpulver, Salz und Kurkuma hinzufügen und alles 5 Minuten lang kochen. Anschließend zu den gekochten Linsen geben. Kurz vor dem Servieren können Sie die Suppe noch mit 1 EL Zitronensaft abrunden.

## *Mulligatawny Soup*

Englisch-indische Hühnersuppe

Für 12 Personen:

*1 Karotte · 6 Stangen Bleichsellerie*

*2 weiße Rüben · 4 Zwiebeln · 1½ l Hühnerbrühe*

*1 EL Currypulver*

Das Gemüse kleinschneiden und zusammen mit der Hühnerbrühe in einen Topf geben. Erhitzen und 30 Minuten leise kochen lassen. Dann das Currypulver hinzufügen, gut umrühren und noch 5 Minuten weiterkochen. Wenn Sie wollen, können Sie die Suppe mit kleingeschnittenem, gekochtem Hühnerfleisch vervollständigen.

# *Pfefferwassersuppe*

Für diese Suppe benötigen Sie Tamarinde. Fragen Sie in Asiengeschäften oder in den Lebensmittelabteilungen großer Kaufhäuser danach.

*½ TL Kurkuma · ½ TL gemahlener Kreuzkümmel*

*½ TL schwarzer Pfeffer · ½ TL Senfkörner*

*¼ TL zerkleinerte rote Pfefferschoten*

*½ Tasse Tamarinde in 2 Tassen heißem Wasser eingeweicht*

*2 EL Pflanzenöl · 1 kleine Zwiebel (gehackt)*

*3 Knoblauchzehen (gehackt)*

*¼ TL zerkleinerte rote Pfefferschoten*

*Salz nach Geschmack*

Kurkuma, Kreuzkümmel, schwarzen Pfeffer, Senfkörner und ¼ TL zerkleinerte rote Pfefferschoten in eine trockene Pfanne geben und 2 Minuten rösten. Dabei die Pfanne dauernd bewegen. Anschließend die Gewürzmischung sieben und die Tamarindenflüssigkeit dazugeben. Aufwallen lassen und 10 Minuten auf kleiner Flamme kochen. Das Öl in einer tiefen Pfanne erhitzen. Zwiebeln, Knoblauch und ¼ TL zerkleinerte rote Pfefferschoten hineingeben und dünsten, bis die Zwiebeln leicht braun werden. Mit der Tamarinden-Gewürz-Mischung aufgießen und weitere 10 Minuten kochen. Mit Salz abschmecken und servieren.

# *Indische Hühnersuppe*

Für 8 Personen:

*¼ Tasse Pflanzenöl · 2 mittelgroße Zwiebeln (gehackt)*

*5 Knoblauchzehen (gehackt) · 1 TL Kurkuma*

*1 TL gemahlener Ingwer · ¼ TL zerkleinerte rote Pfefferschoten*

*1500 g Suppenhuhn · 2 l Hühnerbrühe oder Wasser*

*Salz nach Geschmack · 1 EL Zitronensaft*

Das Öl in einem Topf erhitzen und die Zwiebeln darin goldbraun braten. Dann Knoblauch, Kurkuma, Ingwer und roten Pfeffer hineingeben und zum Schluß das Huhn darauflegen. Mit Hühnerbrühe oder Wasser aufgießen und den Topf verschließen. Auf kleiner Flamme kochen lassen, bis das Huhn zart ist. Anschließend das Fleisch von den Knochen lösen, kleinschneiden und wieder in die Suppe geben. Diese noch mit Salz abschmecken und vor dem Servieren mit Zitronensaft verfeinern.

# *Dahi Carhi*

Joghurtsuppe

Für 6–8 Personen:

*2 EL Erbsenmehl oder Brei von 100 g Trockenerbsen*

*1 Tasse Wasser · 1 Tasse Milch · 1 l Joghurt · 6 kleine Zwiebeln*

*2 grüne Paprikaschoten · 5 kleine Kartoffeln*

*1 EL Butterfett · 1 TL Kurkuma · 1½ TL Salz · 2 EL Petersilie*

*1 TL beliebiges Currypulver · 1 TL Kümmel*

*1 TL zerkleinerte rote Pfefferschoten (nicht unbedingt nötig)*

Das Erbsenmehl in eine Schüssel sieben und so viel Wasser hinzufügen, daß eine dünne Paste entsteht. Dann die Milch, den Joghurt und den Rest des Wassers unterrühren und die Schüssel beiseite stellen. Jetzt die Zwiebeln, Paprikaschoten und geschälten Kartoffeln kleinschneiden. Inzwischen das Butterfett in einem Topf erhitzen, das kleingeschnittene Gemüse hineingeben und 5 Minuten kochen. Dann Kurkuma, Salz, Petersilie, Currypulver, Kümmel und roten Pfeffer hinzufügen und alles weiterkochen, bis das Gemüse weich ist. Anschließend die Erbsenmehlmischung hineingeben, aufkochen und die Mischung unter dauerndem Rühren eindicken lassen. Die Hitze drosseln und die Suppe noch einmal 30 Minuten kochen. Heiß servieren.

# Reis

Reis ist in Indien nicht nur ein Hauptnahrungsmittel, sondern die Zahl der Reissorten und die verschiedenen Zubereitungsarten machen deutlich, wie viele Variationsmöglichkeiten die indische Küche kennt.
Hier sind einige Ratschläge, die Sie bei der Zubereitung von Reis beherzigen sollten:

1. Für jede Tasse Reis die doppelte Menge Wasser nehmen.
2. Immer kochendes Wasser verwenden.
3. Niemals im kochenden Reis rühren, sondern ihn nur mit der Gabel lockern.
4. Den Topf während der Garzeit nicht öffnen.
5. Den Reis bei sehr niedriger Temperatur garen.
6. Besser etwas zuwenig Wasser verwenden als zuviel.
7. Langkorn- oder Extra-Langkornreis bevorzugen.
8. Keine vorgekochten Sorten verwenden.

Bei den folgenden Rezepten habe ich die Zahl der Portionen nicht angegeben, da es von der Art der Mahlzeit abhängt, wie viele und wie große Portionen Sie benötigen. Ein Inder betrachtet den Reis als Hauptmahlzeit. Für ihn sind Fleisch und Gemüse nur Beilagen zum Reis. Falls Sie also indische Gäste haben oder ein echt indisches Essen zubereiten wollen, benötigen Sie etwa 2 Tassen gekochten Reis pro Person. Darf ich Sie hier noch einmal darauf hinweisen, daß Currygericht und Reis immer getrennt serviert und unter gar keinen Umständen vermischt werden! Für alle Nicht-Inder benötigen Sie wesentlich weniger gekochten Reis. 1 Tasse pro Person genügt. Dazu müssen Sie wissen, daß 1 Tasse roher Reis 2 Tassen gekochten ergibt. Unter Umständen also alle Mengenangaben in den Rezepten entsprechend verkleinern!

## *Einfacher gekochter Reis*

*4 Tassen Wasser · 2 TL Salz*

*2 EL gutes Pflanzenöl oder Butter · 2 Tassen Langkornreis*

Wasser, Salz und Fett in einen großen Topf geben und zum Kochen bringen. Sobald das Wasser kocht, den Reis hineingeben und einmal umrühren, um eventuell vorhandene Klümpchen aufzulösen. Die Hitze drosseln, sofort ein großes Tuch anfeuchten und einige Male zusammenfalten. Damit den Topf bedecken, den Deckel auflegen und so den Reis 20 Minuten kochen.

## *Pulao einfach*

(Foto Seite 69)

Pulao wird in Indien bei fast allen festlichen Gelegenheiten gereicht und ist sehr beliebt. Im Mittleren Osten wird dieses Gericht »Pilaf« genannt, aber es unterscheidet sich in der Art der Zubereitung doch wesentlich von unserem »Pulao«. Ich persönlich meine, daß die indisch-pakistanische Version viel aromatischer ist.

Für 4–6 Personen:

*1 Tasse Pflanzen- oder Butterfett · 6 Tassen Wasser*

*2 mittelgroße Zwiebeln (in Scheiben geschnitten)*

*1 TL gemahlener Ingwer · 1 EL Kreuzkümmel*

*1 TL Knoblauchpulver · 10 Kardamomkapseln (geschält)*

*4 Tassen Langkornreis · ¼ l Joghurt*

*¼ TL Safranfäden · 2 TL Salz*

Das Fett in einem Topf mit festsitzendem Deckel erhitzen. Gleichzeitig das Wasser zum Kochen aufstellen. Die Zwiebeln im heißen Fett goldbraun braten, anschließend Ingwer, Kreuzkümmel, Knoblauch und Kardamom hinzufügen und 3–4 Minuten unter dauerndem Rühren kochen. Jetzt den Reis hineingeben, weitere 10 Minuten rühren und achtgeben, daß der Reis nicht anbrennt. Als nächstes kommt der Joghurt in den Topf, anschließend das kochende Wasser und zuletzt Safranfäden und Salz. Den Topf mit einem feuchten Tuch bedecken (4–8 Lagen), den Deckel auflegen und alles bei schwacher Hitze ungefähr 20 Minuten kochen lassen, bis die Flüssigkeit verdampft und der Reis zart ist.

## *Pulao mit Erbsen*

Dieses Pulao kann wie das einfache Pulao zubereitet werden. Sie müssen lediglich 10 Minuten vor Ende der Kochzeit 1 Paket tiefgekühlte Erbsen dazugeben. Es gibt aber auch noch eine andere Zubereitungsart:

Für 1–2 Personen:

*2 Tassen Wasser · 1½ TL Salz · 1 Prise Safran*

*3 EL Butterfett oder Pflanzenöl · 1 mittelgroße Zwiebel (gehackt)*

*2 Zimtstangen · 1 TL Kümmel · 1 TL Kurkuma*

*1 Tasse Langkornreis · 1½ Tassen tiefgekühlte Erbsen*

Wasser und Salz in einem Topf zum Kochen bringen, eine halbe Tasse voll Wasser entnehmen und den Safran darin lösen. Inzwischen die Zwiebeln in Fett goldbraun rösten und beiseite stellen. Zimt, Kümmel und Kurkuma in einer Pfanne bei schwacher Hitze 2 Minuten rösten, dann den Reis dazugeben und braten, bis die Körner eine weißliche Farbe angenommen haben. Anschließend den Inhalt der Pfanne in das kochende Wasser schütten und auch das Safranwasser hineingießen. Die Hitze drosseln, den Topf mit einem feuchten Tuch bedecken und zuletzt den Deckel auflegen. Nach 15 Minuten Garzeit die gefrorenen Erbsen dazugeben und den Reis mit einer Gabel lockern. Anschließend den Topf wieder zudecken und den Reis noch einmal 10 Minuten garen. Zum Schluß mit den gebratenen Zwiebeln garnieren.

## *Pulao mit Lamm- oder Hühnerfleisch*

*500 g Lamm- oder Hühnerfleisch (in kleine Stücke geschnitten)*

*6 Tassen Wasser · 4 kleine Zwiebeln · 3 TL Salz*

*2 EL Butterfett oder Pflanzenöl · 1 TL Kurkuma*

*8 Gewürznelken · 3 TL Currypulver · 2 EL Joghurt*

*3 Tassen Langkornreis*

Das Fleisch in 6 Tassen Wasser zusammen mit 2 in Scheiben geschnittenen Zwiebeln und 2 TL Salz ungefähr ½ Stunde auf kleiner Flamme kochen. Anschließend die Brühe in eine Schüssel abgießen und beiseite stellen. Den Rest der Zwiebeln in Butterfett oder Öl braten, Kurkuma, Nelken, Currypulver und das restliche Salz hinzugeben und alles einige Minuten sanft köcheln. (Nicht zu heiß werden lassen, denn die Gewürze verbrennen sehr leicht.) Anschließend Joghurt und Fleisch hineingeben und weitere 10 Minuten leicht schmoren. Jetzt den Reis zufügen und alles 5 Minuten rühren. Dann mit 2 Tassen Fleischbrühe aufgießen und noch einmal umrühren. Den Topf mit feuchtem Tuch und Deckel bedecken, die Hitze drosseln und sanft kochen lassen, bis alle Flüssigkeit verdampft und der Reis locker und gar ist.

## *Pulao mit Garnelen*

Für 2–3 Personen:

*20–25 Garnelen (frische oder tiefgekühlte, gekochte oder aus der Dose)*

*3 EL Butterfett · 2 EL Currypulver · 2 TL Kurkuma*

*½ Tasse frische Petersilie · 2 TL Salz*

*2 mittelgroße Zwiebeln (gehackt) · 3 EL Zitronensaft*

*2 Tassen Langkornreis · 3 Tassen kochendes Wasser*

Die Garnelen in mundgerechte Stücke schneiden. 1 EL Butterfett in einer Pfanne erhitzen, Currypulver, Kurkuma, Petersilie, 1 TL Salz und die Hälfte der Zwiebeln hinzugeben und 5 Minuten bei mittelgroßer Hitze braten. Jetzt die Garnelenstückchen und den Zitronensaft dazugeben, gut umrühren, damit die Garnelen rundherum von den Gewürzen bedeckt sind. Ungefähr 5 Minuten kochen, dann die Garnelen aus der Pfanne nehmen, aber die Gewürze darin lassen.

In einer zweiten Pfanne die restlichen Zwiebeln in dem übrigen Butterfett braten, den Reis und das restliche Salz hinzufügen und 5 Minuten kochen. Sorgfältig sämtliche Gewürzreste aus der Garnelenpfanne zu dem Reis geben und alles gut mischen. Jetzt mit dem kochenden Wasser aufgießen, aufwallen lassen und dann den Topf mit einem feuchten Tuch bedecken, die Temperatur reduzieren und den Topfdeckel auflegen. Nach 10 Minuten den Reis auflockern und die Garnelenstückchen obenauf legen. Noch 10 Minuten weitergaren.

# *Pulao mit Lamm*

Für 3 Personen:

*500 g Lammschlegel (in Würfel geschnitten)*
*¼ Tasse Zucker · 50 g Butterfett*
*2 mittelgroße Zwiebeln (gehackt) · ½ l Joghurt*
*8 Knoblauchzehen (gehackt) · 5 Gewürznelken*
*1 TL gemahlener Kreuzkümmel*
*10 Scheiben Ingwerwurzeln (gehackt)*
*5 Kardamomkapseln (geschält) · 2 Tassen Reis*
*Salz nach Bedarf · ¼ Tasse feingeschnittene Mandeln*
*½ TL Safranfäden*

Das Fleisch zusammen mit 2 Tassen Wasser in einen Topf geben. Folgende Gewürze in ein Gewürzsäckchen knoten und zufügen:

*4 Knoblauchzehen · 1 EL Fenchelkörner*
*5 Scheiben Ingwerwurzel · 1 EL Korianderkörner*
*1 kleine Zwiebel (fein gehackt)*

Diese Gewürze zusammen mit dem Fleisch kochen, bis das Fleisch gar und die Flüssigkeit bis auf ½ Tasse verdampft ist. Dann das Fleisch aus dem Topf nehmen und den Zucker in der Brühe auflösen. Das Butterfett in einer Pfanne erhitzen und die Zwiebeln darin goldbraun braten. Den Joghurt, das Fleisch und alle Gewürze außer dem Safran in die Pfanne geben, ebenso den Reis. Die Mandeln auf dem Reis verstreuen und zum Schluß die Safranfäden darübergeben. Die Pfanne fest verschließen und das Pulao bei schwacher Hitze 40 Minuten kochen lassen.

# *Kofta Pulao*

Pulao mit Hackfleisch und Erbsen

Für 2–3 Personen:

*5 EL gelbe Erbsen · 250 g Rinderhack*

*1 TL Zwiebelpulver · 1 TL gemahlener Ingwer*

*1 EL Korianderpulver · ½ TL schwarzer Pfeffer*

*Salz nach Bedarf · ¼ l Joghurt · 50 g Butterfett*

*2 mittelgroße Zwiebeln (gehackt)*

*5 Kardamomkapseln (geschält)*

*1 TL gemahlener Kreuzkümmel · 5 Gewürznelken*

*1 Zimtstange (5 cm lang) · 2 Tassen Reis*

*½ TL Safran (aufgelöst in 1 EL heißem Wasser)*

Die gelben Erbsen gar kochen. Das Hackfleisch in eine Schüssel geben, Zwiebelpulver, Ingwer, Koriander, schwarzen Pfeffer, Salz, Joghurt und die gekochten Erbsen dazugeben, alles gut kneten und kleine Bällchen formen. Das Butterfett in einem Topf erhitzen und die Zwiebeln goldbraun braten. Anschließend Kardamom, Kreuzkümmel, Nelken, Zimt und zum Schluß die Fleischbällchen hineingeben. Den Reis auf den Fleischbällchen verteilen und mit 2 Tassen heißem Wasser aufgießen. Den Topf gut verschließen und das Gericht bei schwacher Hitze 20 Minuten kochen lassen. Kurz vor dem Servieren noch schnell das Safranwasser über dem Reis verteilen.

# *Musallum Pulao*

Pulao mit Huhn

Für 6–8 Personen:

*50 g Butterfett · 1 große Zwiebel*

*1 TL Knoblauchpulver · 2 TL gemahlener Ingwer*

*2 TL gemahlener Koriander · ½ l Joghurt*

*Salz nach Geschmack · 2 kleine Brathähnchen (ca. 1500 g)*

*5 Kardamomkapseln (geschält) · 5 Gewürznelken*

*1 Zimtstange (2½ cm lang) · 3 Tassen Reis*

*½ TL Safran (aufgelöst in ½ Tasse heißem Wasser)*

*2 TL Rosenwasser*

Die Zwiebel in Scheiben schneiden und in einer tiefen Pfanne im Butterfett goldbraun braten. Knoblauch, Ingwer, Koriander, Joghurt und Salz hinzufügen, 10 Minuten kochen lassen und dann die ganzen Hähnchen hineinlegen. 3 Tassen heißes Wasser, Kardamom, Nelken und die Zimtstange dazugeben, dann den Reis auf den Hähnchen verteilen, anschließend noch das Safranwasser auf den Reis gießen. Die Pfanne gut verschließen – das ist sehr wichtig! Das Pulao 30 Minuten bei schwacher Hitze kochen und kurz vor dem Servieren mit Rosenwasser beträufeln.

## *Pulao mit Huhn, andere Art*

| Für 5–6 Personen: |
| --- |
| *8 EL Butterfett oder Pflanzenöl* |
| *2 große Zwiebeln (in Scheiben) · 1500 g Brathähnchen* |
| *1 TL gemahlener Ingwer · 1 TL gehackte grüne Pfefferschoten* |
| *1 TL Knoblauchpulver · 6 Gewürznelken* |
| *1 Zimtstange (2½ cm lang) · 4 Kardamomkapseln (geschält)* |
| *¾ l Joghurt · Salz nach Bedarf · 3 Tassen Reis* |
| *1 Prise Safran (aufgelöst in 2 EL heißem Wasser)* |

Butterfett oder Öl in einem Topf erhitzen und die Zwiebelringe darin goldbraun braten, anschließend alle Zwiebeln aus der Pfanne nehmen und auskühlen lassen. Jetzt die Hähnchen in mundgerechte Stücke schneiden und dann zusammen mit Ingwer, grünen Pfefferschoten, Knoblauch, Nelken, Zimt, Kardamom, Joghurt und 3 Tassen Wasser in die Pfanne geben und 15 Minuten kochen. Anschließend den in einem anderen Topf 10 Minuten angekochten, abgetropften Reis auf dem Hühnerfleisch verteilen und alles im gut verschlossenen Topf 30 Minuten kochen lassen. Vor dem Servieren das Safranwasser auf den Reis träufeln und das Gericht mit den gerösteten Zwiebeln garnieren.

## *Biriani mit Huhn*

Für 4–5 Personen:

*1500 g Brathähnchen · ½ l Joghurt · Salz nach Geschmack*

*6 EL Butterfett · 1 große Zwiebel (gehackt)*

*1 TL gemahlener Ingwer · 1 TL Pfefferminze (freigestellt)*

*4 Gewürznelken · 6 Kardamomkapseln (geschält)*

*1 Zimtstange (5 cm lang) · 1 EL gemahlener Kreuzkümmel*

*2 TL Knoblauchpulver · 2 Tassen Reis*

*1 TL Safran (aufgelöst in 1 EL heißem Wasser)*

*1 EL Rosenwasser*

Die Hähnchen in mundgerechte Stücke teilen. Den Joghurt mit dem Salz und dem Hühnerfleisch vermischen und 30 Minuten ziehen lassen. Dann das Butterfett in einem großen Topf erhitzen und die Zwiebeln goldbraun braten. Anschließend die Joghurtmischung zusammen mit Ingwer, Pfefferminze, Nelken, Kardamom, Zimt und Kreuzkümmel dazugeben und 15 Minuten kochen. Anschließend den Knoblauch und 2 Tassen Wasser hineingeben, den Reis auf dem Hühnerfleisch verteilen und mit Safranwasser beträufeln. Keinesfalls umrühren! Den Topf fest verschließen. Bei *sehr* schwacher Hitze 20–30 Minuten kochen und kurz vor dem Servieren das Rosenwasser auf den Reis träufeln.

## *Kokosreis*

(Foto Seite 87)

Meiner Meinung nach brachten die Engländer unter anderem auch diesen Kokosreis nach Indien. Das Gericht stammt ursprünglich aus Burma und war zuerst bei den Anglo-Indern sehr beliebt. Es ist eine herrliche Ergänzung zu einem scharfen »Vindaloo« mit Schweinefleisch.

Für 2–3 Personen:

*3 EL Pflanzenöl · 2 Zwiebeln (in Scheiben)*

*2 Tassen Langkornreis · 2 TL Salz*

*4 Tassen Kokosmilch (s. Seite 19) · 1 Prise Safran*

Das Öl in einem schweren Topf heiß werden lassen und die Zwiebeln 10 Minuten goldbraun braten. Dann Reis, Salz, Kokosmilch und so viel Wasser zugeben, daß der Reis gut bedeckt ist. Nach 15 Minuten Kochzeit den Safran zugeben und zugedeckt noch einmal 5 Minuten kochen, bis der Reis trocken und zart ist.

# Brot

## *Chappaties*

Einfaches Fladenbrot

(Foto Seite 87)

Für 8 Fladen bzw. 4 Personen:

*2 Tassen Weizenmehl · 2 Tassen Vollkornmehl*

*1 TL Salz · ½ Tasse Butter · Wasser nach Bedarf*

Das Weizenmehl und das Vollkornmehl zusammen mit dem Salz in eine Schüssel sieben. Die Butter schmelzen, zu dem Mehl geben und alles 10 Minuten zwischen den Fingern reiben. Dann so viel kaltes Wasser zugeben, daß ein weicher, gut formbarer Teig entsteht. Mit einem feuchten Tuch zudecken und eine Stunde ruhen lassen. Dann den Teig noch einmal gut durchkneten und Bällchen daraus formen (ungefähr so groß wie ein Pingpongball). Diese auf einem gemehlten Brett ausrollen, bis sie nur noch so dick wie ein 5-Mark-Stück sind, dann eines nach dem anderen in einer trockenen Pfanne rösten und dabei alle 2–3 Minuten wenden. Nach 6–8 Minuten ist ein Fladen gar.

Man kann die Fladen auch auf einem Backblech im Rohr backen (250 °C).

v. o. n. u.: *Mischgemüse-Curry, Reshmi Kebab mit Pulao einfach, Krabbencurry aus Burma* (Rezepte Seite 133, 140, 58 und 118)

## *Süße Chappaties*

Für 8 Fladen bzw. 4 Personen:

*2 Tassen Vollkornmehl · 2 Tassen Weizenmehl*

*1 TL Salz · ½ Tasse Butter*

*6 EL brauner Zucker · Wasser nach Bedarf*

Das Vollkornmehl und das Weizenmehl zusammen mit dem Salz in eine Schüssel sieben, die Butter schmelzen, zu dem Mehl geben und alles 10 Minuten zwischen den Fingern reiben. Den Zucker in wenig kaltem Wasser auflösen und zusammen mit so viel zusätzlichem Wasser zu dem Mehl geben, daß ein weicher, gut formbarer Teig entsteht. Ab hier dem Rezept »Chappaties« (Seite 68) folgen.

## *Paratha*

Vollkornfladenbrot

Für 8–10 Fladen:

*4 Tassen Vollkornmehl · 1 TL Salz*

*Wasser nach Bedarf · ½ Tasse geschmolzene Butter*

Das Mehl zusammen mit dem Salz in eine Schüssel sieben und nach und nach so viel Wasser dazugeben, daß der Teig fest, aber doch formbar wird. Gut kneten, mit einem feuchten Tuch zudekken und mindestens ½ Stunde ruhen lassen. Dann den Teig in 8 bis 10 Stücke teilen und aus jedem dieser Stücke einen Ball formen. Jeden Ball auf einem bemehlten Brett flach ausrollen (bis zur Dikke eines 5-Mark-Stücks) und mit der geschmolzenen Butter einpinseln. Dann jeden Teigfladen einmal von der Mitte zum Rand einschneiden, einen Kegel formen, aufrecht hinstellen, mit dem Handballen die Spitze eindrücken und anschließend wieder flach ausrollen. Diese Fladen in einer trockenen, heißen und mit etwas Mehl bestäubten Pfanne ungefähr 10 Minuten rösten und dabei alle 2–3 Minuten wenden.

## Gefüllte Paratha

Für 16 Fladen:

*8 Tassen Weizenmehl · 2 TL Salz · Wasser nach Bedarf*

*½ Tasse geschmolzene Butter*

Für die Füllung:

*½ Tasse Pflanzenöl · 1 große Zwiebel (gehackt)*

*500 g Rinderhack · 1 EL gemahlener Koriander*

*½ TL gemahlene Nelken · ¼ TL Knoblauchpulver*

*½ TL Zimt · Salz nach Geschmack*

Das Öl in einer Pfanne erhitzen und die Zwiebeln darin goldbraun braten. Dann das Fleisch hineingeben und 10 Minuten weiterbraten, bis es braun wird. Anschließend alle Gewürze und das Salz dazugeben und unter Umständen etwas Wasser, um das Ansetzen zu verhindern. Sobald das Fleisch ganz trocken ist, die Pfanne vom Feuer nehmen und beiseite stellen. Den Teig für die Fladen genau wie im Rezept »Paratha« (Seite 70) zubereiten, in 16 Stücke teilen, Bälle formen und diese ausrollen. Dann 1–2 EL Fleischmischung auf jeden Fladen geben, die Ecken darüber zusammenschlagen, daß sie sich gegenseitig überlappen, und dann die Fladen wieder flach ausrollen. Beide Seiten mit Butter bestreichen und die Fladen in einer gemehlten Pfanne auf beiden Seiten goldbraun rösten.

## *Puries*

Brötchen

---

Für 24 Brötchen bzw. 6 Personen:

*2 Tassen Vollkornmehl · 4 Tassen Weizenmehl*

*Salz nach Geschmack · ½ Tasse geschmolzene Butter*

*Wasser nach Bedarf · Pflanzenöl zum Ausbacken*

---

Das Vollkornmehl und das Weizenmehl zusammen mit dem Salz in eine Schüssel sieben, langsam die geschmolzene Butter dazugeben und alles 10 Minuten zwischen den Fingern reiben. Anschließend so viel Wasser zugeben, daß ein fester, formbarer Teig entsteht. Diesen mit einem feuchten Tuch bedeckt 30 Minuten stehenlassen, anschließend kleine Bälle formen (so groß wie Pingpongbälle) und schön dünn ausrollen. Inzwischen das Öl in einem schweren Topf oder einer Pfanne erhitzen und die Fladen nacheinander darin ausbacken. Die Brötchen gehen besonders schön auf, wenn sie immer mit einer Gabel unter der Oberfläche gehalten werden. Nach ungefähr 1 Minute ist ein Brötchen fertig.

## *Khasta Puri*

Brötchen mit Joghurt

---

Für 16 Brötchen:

*4 Tassen Weizenmehl · Salz nach Geschmack*

*½ Tasse Butter · ¼ l Joghurt · Pflanzenöl zum Ausbacken*

---

Das Mehl zusammen mit dem Salz in eine Schüssel sieben, die Butter schmelzen, zu dem Mehl geben und alles 10 Minuten zwischen den Fingern reiben. Dann den Joghurt hinzufügen, den

Teig gut durchkneten und 30 Minuten ruhen lassen. Anschließend kleine Bällchen formen und diese auf einem bemehlten Brett dünn ausrollen. Das Öl bis zum Rauchpunkt erhitzen und die Brötchen nacheinander ausbacken, wie es im vorigen Rezept beschrieben wurde.

## *Baisani Roti*

Fladenbrot mit Erbsenmehl und Zwiebeln

Für 12 Fladenbrote:

*2 Tassen Erbsenmehl · 2 Tassen Weizenmehl*

*Salz nach Geschmack · 1 mittelgroße Zwiebel (fein gehackt)*

*Wasser nach Bedarf · Butter*

Das Erbsenmehl und das Weizenmehl zusammen mit dem Salz in eine Schüssel sieben, dann die Zwiebeln und so viel Wasser hinzugeben, daß ein fester, aber noch gut formbarer Teig entsteht. Diesen mit einem feuchten Tuch bedeckt mindestens 1 Stunde stehenlassen, anschließend den Teig in 12 Stücke teilen, diese zu Kugeln formen und auf einem bemehlten Brett flach ausrollen, bis sie nur noch so flach wie ein 5-Mark-Stück sind. Diese Fladen in einer trockenen, heißen Pfanne (am besten in einer Eisenpfanne) nacheinander jeweils 6–8 Minuten rösten, dabei die Pfanne dauernd bewegen und die Fladen alle 2 Minuten wenden. Anschließend das fertige Brot mit jeweils 1 EL geschmolzener Butter bestreichen, einziehen lassen und noch heiß servieren.

## *Makki Ki Roti*

Maisfladen

Für 6–8 Fladenbrote:

*4 Tassen Maismehl · 1½ TL Salz*

*1½ Tassen Wasser (ungefähr)*

*1 EL geschmolzene Butter pro Fladen*

Das Maismehl zusammen mit dem Salz in eine Schüssel sieben und langsam so viel Wasser hinzufügen, daß ein fester Teig entsteht. Diesen in 6–8 Stücke teilen, dann jedes Stück mit dem Handballen flachdrücken und anschließend in einer leicht bemehlten Pfanne langsam rösten, dabei den Fladen immer wieder flachdrücken und in der Pfanne bewegen. Nach 10 Minuten ist ein Fladenbrot gar und kann mit Butter bestrichen und serviert werden.

## *Luchchi*

Weizenfladen

Für 4 Fladenbrote:

*1 Tasse Weizenmehl · 1 EL geschmolzene Butter*

*1 TL Salz · ½ Tasse warmes Wasser · Pflanzenöl*

Das Mehl in eine Schüssel sieben, die geschmolzene Butter hinzufügen und alles mindestens 5 Minuten zwischen den Fingern reiben. Dann das Salz dazugeben und so viel warmes Wasser, daß ein fester Teig entsteht. Diesen mindestens 15 Minuten kneten, dann in 4 Stücke teilen und diese schön dünn ausrollen. Das Öl in einer schweren Pfanne bis zum Rauchpunkt erhitzen und die Fladen 15 Sekunden auf jeder Seite darin braten. Die Luchchis können heiß oder kalt gegessen werden.

# Currygerichte mit Rindfleisch

Fleisch ist ein wichtiger Bestandteil der indischen Küche, im Widerspruch zur vorgefaßten Meinung vieler Leute. Es gibt allerdings einen Unterschied gegenüber westlichen Küchen, denn in Indien essen die verschiedenen Bevölkerungsgruppen den Geboten ihrer jeweiligen Religion entsprechend nur das Fleisch, das für sie nicht tabu ist. Moslems und Hindus bevorzugen Lamm- oder Hammelfleisch oder auch Geflügel und Fisch. Rindfleisch wird von den Hindus abgelehnt, von den Moslems dagegen gerne gegessen, die dafür auf Schweinefleisch verzichten, weil dieses Tier für sie als unrein gilt. Die indischen Christen, die hauptsächlich im Süden des Landes wohnen, kennen keinerlei Tabus und essen alle Fleischsorten. Eines der bekanntesten Gerichte aus dem Süden ist das »Schweinefleisch-Vindaloo«.

Falls Sie jemals einen indischen Gast haben sollten, fragen Sie zuerst, ob er Vegetarier ist. Wenn er es verneint, kochen Sie am besten ein Lamm- oder Geflügelgericht. Falls Ihr Gast Moslem ist, verzichten Sie einfach auf Schweinefleisch. Bekennt sich Ihr Gast zum Christentum, dann haben sie keinerlei Schwierigkeiten.

# *Moglai Korma*

Rindfleisch-Curry mit Mandeln und Rosinen

*¼ Tasse Pflanzenöl · 3 große Zwiebeln (in Scheiben)*
*1 TL Knoblauchpulver · 1 TL gemahlener Kardamom*
*¼ TL Zimt · 1 TL gemahlener Ingwer*
*½ TL getrocknete Pfefferminze (freigestellt)*
*1 TL gemahlener Kreuzkümmel · 1000 g Rindsgulasch*
*½ l Joghurt · 2 EL feingeschnittene Mandeln*
*2 EL Rosinen · ½ TL Safran (gelöst in 3 EL Wasser)*
*½ TL schwarzer Pfeffer · Salz*

Das Öl in einem tiefen Topf erhitzen und die Zwiebeln darin goldbraun braten, dann Knoblauch, Kardamom, Zimt, Ingwer, Pfefferminze und Kreuzkümmel hineingeben und 5 Minuten kochen. Anschließend das Fleisch in dieser Mischung schön braun braten, mit Joghurt ablöschen und im geschlossenen Topf auf kleiner Flamme ungefähr 1 Stunde sanft kochen lassen. In einem kleinen Topf die Mandeln und Rosinen in wenig Öl sanft rösten und anschließend zu dem Fleisch geben. Zum Schluß noch das Safranwaser hinzufügen, alles gut umrühren, mit Pfeffer und Salz abschmecken und servieren.

## *Khara Korma*

Scharfes Rindfleisch-Curry

*¼ Tasse Pflanzenöl · 1000 g Rindsgulasch*
*2 mittelgroße Zwiebeln (gehackt) · 1 TL gemahlener Ingwer*
*1 grüne Pfefferschote · 6 Kardamomkapseln (geschält)*
*1 Zimtstange (2–3 cm lang) · ½ TL Knoblauchpulver*
*1 EL gemahlener Kreuzkümmel · 6 Gewürznelken*
*1 Prise Safran (aufgelöst in heißem Wasser)*
*¼ l Joghurt · Salz nach Geschmack*

Auch dieses Gericht ist eigentlich ein trockenes Rindfleisch-Curry, aber Sie können etwas Wasser hinzufügen, wenn Sie gerne eine Sauce erhalten möchten. Alle Zutaten werden gleichzeitig in einen schweren Topf gegeben und bei schwacher Hitze ungefähr 1 Stunde sanft gekocht, bis das Fleisch gar und alle Flüssigkeit verkocht ist. Mit einer Suppe servieren.

## *Rindfleisch-Korma*

Für 6 Personen:

*1 Prise Safran · 4 EL Fett*
*2 große Zwiebeln (gehackt) · 1000 g mageres Rindsgulasch*
*10 Scheiben Ingwerwurzel · 1 EL gemahlener Kreuzkümmel*
*5 Gewürznelken · 8 Knoblauchzehen*
*5 Kardamomkapseln (geschält) · 1 Zimtstange (5 cm lang)*
*Salz nach Geschmack · ¼ l Joghurt*

Den Safran 5 Minuten in ½ Tasse heißem Wasser ziehenlassen und dann mit allen Zutaten, die oben aufgeführt sind, in einem schweren Topf ungefähr 1 Stunde schmoren lassen, bis das Fleisch zart und alle Flüssigkeit verkocht ist. Falls Sie gerne etwas Sauce haben möchten, geben Sie einfach 10 Minuten vor Ende der Kochzeit etwas Wasser hinzu. Aber eigentlich ist dieses Essen ein trockenes Currygericht, das immer mit Suppe serviert werden sollte.

## *Currygericht mit Rindfleisch und Kohl*

Für 6 Personen:

*1 kleiner Kohlkopf · 1000 g mageres Rindsgulasch*

*1 EL Kurkuma · 2 EL gemahlener Koriander*

*1 TL gemahlener Ingwer · 1 Tasse Buttermilch · 500 g Tomaten*

*4 Knoblauchzehen · 2 Tassen Wasser*

*2 große Zwiebeln (in Scheiben) · 3 EL Butter*

*Saft von 1 Zitrone · Salz*

Den Kohl in 2 cm breite Streifen schneiden und dann in leicht gesalzenem Wasser 30 Minuten einweichen. Fleisch, Kurkuma, Ingwer, Buttermilch, Tomaten, Knoblauchzehen und 2 Tassen Wasser zusammen in einen Topf geben, die Zwiebelringe und die abgetropften Kohlstreifen auf dieser Fleischmischung verteilen und zuletzt noch Butterflöckchen daraufsetzen. Alles zum Kochen bringen, dann die Hitze drosseln und das Essen sanft kochen lassen. Sobald alle Flüssigkeit verdampft und das Fleisch gar ist, den Saft einer Zitrone dazugeben, nach Geschmack salzen und alles noch weitere 10 Minuten kochen. Auch zu diesem Currygericht immer eine Suppe servieren.

## *Rindfleisch-Curry mit Ingwer*

*¼ l Joghurt · Salz nach Geschmack*

*2 Knoblauchzehen (zerquetscht)*

*1 Stück Ingwerwurzel (2½ cm dick, zerkleinert)*

*500 g mageres Rindsgulasch · 1 große Zwiebel (gehackt)*

*2 EL Fett · 1 EL gemahlener Koriander*

*2 TL Kurkuma · 2 EL Tomatenmark*

Aus Joghurt, Salz, Knoblauch, Ingwer und 1 Tasse Wasser eine Marinade herstellen und die Fleischstücke mindestens 2 Stunden darin ziehen lassen. Inzwischen die Zwiebeln in Fett goldbraun braten, dann Koriander, Kurkuma und Tomatenmark in die Pfanne geben und 5 Minuten kochen. Jetzt das Fleisch zusammen mit der Marinade zufügen und bei schwacher Hitze 40 Minuten kochen.

## *Rindfleisch-Curry mit Okra*

Für 8 Personen:

*2 mittelgroße Zwiebeln (in Scheiben)*

*5 EL Pflanzenfett · 1 EL gemahlener Koriander*

*1 TL Kurkuma · 4 Knoblauchzehen*

*1 EL gemahlener Kreuzkümmel · 1 TL gemahlener Ingwer*

*Salz nach Geschmack · ¼ l Joghurt · 1 EL Tomatenmark*

*1500 g mageres Rindsgulasch · 1 Dose Okra (ca. 500 g)*

Die Zwiebeln im Fett goldbraun rösten, alle trockenen Zutaten hineingeben und 3–4 Minuten braten. Anschließend den Joghurt und das Tomatenmark hinzufügen und 5 Minuten auf kleiner Flamme weiterkochen, bis eine dickliche Paste entsteht. Jetzt das Fleisch hineingeben, mit 1 Tasse heißem Wasser aufgießen und kochen, bis das Fleisch gar ist. Dann die gut abgespülten Okraschoten zugeben und alles noch einmal 10 Minuten kochen.

*Okra, auch Bamia oder Gombo,* ist eine fingerlange, gelbgrüne, etwas pelzige Schotenfrucht, die in tropischen Gegenden, aber auch ums Mittelmeer an mannshohen Sträuchern wächst (Rosenpappel). Man wäscht sie in kaltem Wasser und schneidet Kappen bzw. harte Spitzen ab. Es gibt sie auch in Dosen oder als TK-Ware zu kaufen.

## Rinderhack-Curry

| Für 2–3 Personen: |
|---|
| *2 mittelgroße Zwiebeln (gehackt)* |
| *3 Knoblauchzehen (zerkleinert)* |
| *1 Stück Ingwerwurzel (2½ cm dick, gehackt)* |
| *4 EL Pflanzenfett · 500 g Rinderhackfleisch · ¼ l Joghurt* |
| *1 EL Tomatenmark · Salz · 1 TL Kurkuma* |
| *1 EL gemahlener Koriander · ½ TL Kreuzkümmel* |

Die gehackten Zwiebeln und Knoblauchzehen zusammen mit dem Ingwer in Fett braten, mit ½ Tasse Wasser auffüllen, dann das Hackfleisch hineingeben, zusammen mit dem Joghurt, dem Tomatenmark, dem Salz und allen restlichen Gewürzen. Den Topf schließen und 30 Minuten bei schwacher Hitze kochen. Unter Umständen können Sie 10 Minuten vor Ende der Kochzeit noch 1 Dose Erbsen (abgetropft) oder 1 Packung Tiefkühlerbsen dazugeben.

# *Rindfleisch-Vindaloo*

*500 g Rindsgulasch · 1 große Zwiebel (gehackt)*
*1 TL Knoblauchpulver · 1 EL Kurkuma*
*1 TL gemahlener Ingwer · 2 EL gemahlener Koriander*
*1 TL gemahlener Kreuzkümmel · ½ TL Senfpulver*
*Salz nach Geschmack · Essig nach Bedarf*
*¼ Tasse Pflanzenöl*

Aus allen Zutaten (außer Fleisch und Öl) mit entsprechend viel Essig eine dicke Paste herstellen, in der das Fleisch zwischen 8 und 24 Stunden ziehen soll. Anschließend das Öl in einem großen Topf erhitzen, die Marinade samt Fleisch und 1 Tasse Wasser hineingeben und alles bei schwacher Hitze kochen, bis das Fleisch gar ist.

*Anmerkung:* Ein echtes Vindaloo muß eigentlich ziemlich scharf sein. Da das ja nicht jedermanns Sache ist, habe ich die Pfeffersorten weggelassen. Wenn Sie jedoch gerne scharf essen, geben Sie ganz nach Geschmack entweder Cayenne-Pfeffer, zerkleinerte rote oder frische grüne Pfefferschoten dazu.

## *Rindfleisch-Curry*

Für 6 Personen:

*2 mittelgroße Zwiebeln (gehackt) · 3 Knoblauchzehen*
*4 EL Pflanzenfett · 2 EL gemahlener Koriander*
*1 EL gemahlener Kreuzkümmel · 2 EL Tomatenmark*
*¼ l Joghurt · 1000 g mageres Rindsgulasch*
*Salz nach Geschmack*

Die Zwiebeln und Knoblauchzehen im Fett goldbraun rösten, dann Koriander, Kreuzkümmel, Tomatenmark und Joghurt hineingeben und so lange kochen, bis eine dickliche Paste entsteht (etwa 4–5 Minuten). Jetzt das Fleisch und anschließend noch 1 Tasse heißes Wasser dazugeben. Nach Geschmack salzen. Nach 20 bis 25 Minuten Kochzeit bei schwacher Hitze ist das Gericht fertig.

## *Rindfleisch-Molee*

*500 g Rindsgulasch · ¼ Tasse Pflanzenöl*
*1 große Zwiebel (gehackt) · ½ TL Knoblauchpulver*
*1 TL Senfpulver · 1 Prise gemahlener Sesam · 1 TL Kurkuma*
*1 TL gemahlener Ingwer · Salz nach Geschmack*
*½ Tasse dicke Kokosmilch (s. Seite 20)*

Das Fleisch in wenig Wasser (es soll nur gerade bedeckt sein) langsam gar kochen und beiseite stellen. In einer Pfanne das Öl erhitzen und die Zwiebeln darin schön braun braten, dann alle anderen Zutaten hineingeben und 5 Minuten sanft kochen lassen. Anschließend das Fleisch mit der Brühe dazugeben und alles noch weitere 5 Minuten kochen.

# *Rindfleisch-Curry aus Kalkutta*

*500 g Rindsgulasch*
*¼ Tasse dünne Kokosmilch (s. Seite 20)*
*1 EL gemahlener Koriander · ½ TL Kurkuma*
*½ TL gemahlener Kreuzkümmel*
*½ TL zerkleinerte rote Pfefferschoten*
*1 Prise gemahlener Ingwer · ¼ Tasse Pflanzenöl*
*1 große Zwiebel (gehackt) · 4 EL Zitronensaft*
*Salz nach Geschmack*

Das Fleisch in 2 Tassen Wasser gar kochen und inzwischen aus Kokosmilch, Koriander, Kurkuma, Kreuzkümmel, rotem Pfeffer und Ingwer eine dickliche Paste herstellen. Dann das Öl erhitzen und die Zwiebeln goldbraun braten, die Kokosmilchpaste hineingeben und 5 Minuten kochen. Als nächstes das Fleisch zusammen mit etwas Brühe in den Topf geben, 10 Minuten weiterkochen und zum Schluß noch den Zitronensaft hineinrühren und mit Salz abschmecken.

# *Roghan Josh Curry*

Rindfleisch-Curry mit kleinen weißen Rüben

Für 6 Personen:

*1 große Zwiebel (gehackt) · 150 g Butterfett*

*1 Stück Ingwerwurzel (5 cm lang) · 3 EL gemahlener Koriander*

*½ TL Cayenne-Pfeffer · 2 Tassen Buttermilch*

*6 Kardamomkapseln (geschält) · 2 TL Knoblauchpulver*

*6 Gewürznelken · Salz nach Geschmack*

*12 kleine weiße Rüben · 2 EL Zucker · 1000 g Rindsgulasch*

*¼ TL Safran (aufgelöst in 2 EL Wasser)*

Während die Zwiebeln in dem heißen Butterfett braun werden, die Ingwerwurzel in einem Mixer pürieren oder in einem Mörser zerdrücken und dann zu den Zwiebeln geben. Anschließend Koriander, Cayenne-Pfeffer, Buttermilch, Kardamom, Knoblauch, Nelken und Salz hinzufügen. Die Rüben schälen, in mundgerechte Stücke schneiden (falls sie schön klein sind, können sie auch ganz bleiben) und dann zusammen mit dem Zucker und dem Fleisch ebenfalls in den Topf geben und alles 20 Minuten kochen. Anschließend noch 2 Tassen heißes Wasser hineingießen und dann bei schwacher Hitze weiterkochen, bis das Fleisch gar ist. Kurz vor dem Servieren noch das Safranwasser unterrühren.

# *Kofta Korma*

Currygericht mit Fleischbällchen

Für 6 Personen:

*1000 g Rinderhackfleisch · 1 EL gemahlener Koriander*

*5 Knoblauchzehen (zerkleinert) · 1 TL Nelkenpulver*

*1 Stück Ingwerwurzel (5 cm lang, zerkleinert) · 1 verquirltes Ei*

*1½ EL gemahlener Kreuzkümmel*

*5 Kardamomkapseln (geschält) · Salz nach Geschmack*

*½ Tasse Pflanzenöl · 2 große Zwiebeln (in Scheiben)*

*½ l Joghurt · 1 EL Tomatenmark · 1 Tasse Wasser*

*1 Prise Safran (aufgelöst in ½ Tasse Wasser)*

In einer großen Schüssel werden Fleisch, Koriander, Knoblauch, Nelken, Ingwer, Ei, Kreuzkümmel, Kardamom und Salz gemischt. Den Fleischteig gut kneten und dann kleine, walnußgroße Bällchen formen. Das Öl in einer tiefen Pfanne erhitzen, die Zwiebeln schön braun braten, dann Joghurt und Tomatenmark dazugeben, 2–3 Minuten kochen und dabei dauernd umrühren. Die Fleischbällchen in diese Sauce legen und noch 1 Tasse Wasser hineingießen. Alles zusammen bei schwacher Hitze 20 Minuten kochen. Damit die Fleischbällchen ganz bleiben, nicht umrühren, sondern nur ab und zu die Pfanne etwas schütteln. Nach 20 Minuten Kochzeit das Safranwasser hineingießen und noch 5 Minuten mitkochen.

REISTAFEL

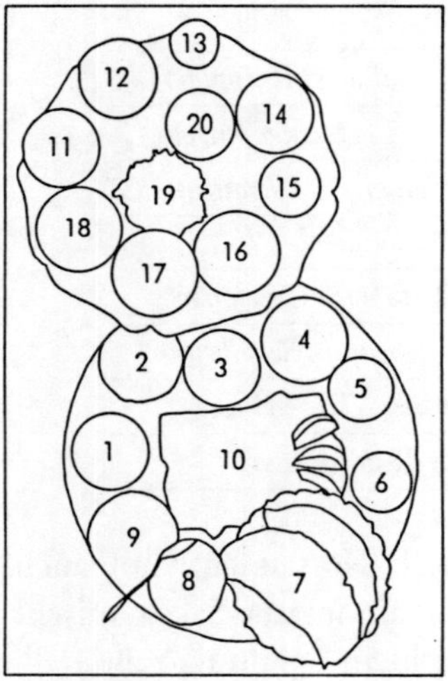


① Okra-Foogath (Rezept Seite 166),
② Kartoffel-Frikadellen (Rezept Seite 45),
③ Gemüse-Curry mit Spinat (Rezept Seite 124),
④ Auberginen-Curry (Rezept Seite 130),
⑤ Kheer (Rezept Seite 186),
⑥ Bananen-Lassi (Rezept Seite 179),
⑦ Chappaties (Rezept Seite 68),
⑧ Mandel-Milch-Konfekt (Rezept Seite 187),
⑨ Toor Dhal mit Schalotten, (Rezept Seite 50),
⑩ Gegrilltes Hähnchen (Rezept Seite 158),
⑪ Kokosreis (Rezept Seite 67),
⑫ Lammfleisch-Curry (Rezept Seite 89),
⑬ Tamarinden-Chutney (Rezept Seite 173),
⑭ Gurken-Curry (Rezept Seite 132),
⑮ Raita (Rezept Seite 163),
⑯ Matthi (Rezept Seite 37),
⑰ Krabben-Curry (Rezept Seite 116),
⑱ Auberginen-Mischgemüse (Rezept Seite 128),
⑲ Gemischter Salat (Rezept Seite 165),
⑳ Gulab Jamon (Rezept Seite 180).

## *Rindfleisch-Curry aus Madras*

*¼ Tasse Pflanzenöl · 1 große Zwiebel (gehackt)*

*1 TL Knoblauchpulver · 1 EL beliebiges Currypulver*

*3 grüne Pfefferschoten · 500 g Rindsgulasch*

*2 EL Tomatenmark · 1 EL Zitronensaft · Salz*

Das Öl in einem Topf erhitzen, die Zwiebeln darin bräunen, dann Knoblauch, Currypulver und grüne Pfefferschoten dazugeben und alles 10 Minuten kochen. Anschließend das Fleisch zusammen mit Tomatenmark und 1 Tasse heißem Wasser hineingeben und sanft kochen, bis das Fleisch gar ist. Kurz vor dem Servieren noch den Zitronensaft unterrühren und das Gericht mit Salz abschmecken.

# Currygerichte mit Lammfleisch

## *Lammfleisch-Curry*

(Foto Seite 87)

*6 Knoblauchzehen (zerkleinert)*

*3 mittelgroße Tomaten (geviertelt) · 1 große Zwiebel (gehackt)*

*1 Stück Ingwerwurzel (2½ cm dick, gehackt)*

*1 grüne Pfefferschote (kleingeschnitten) · 2 EL Pflanzenöl*

*1 TL Kurkuma · 1 EL Currypulver · 2 TL Salz*

*500 g mageres Lammfleisch (in 3 cm große Würfel geschnitten)*

*1 Tasse heißes Wasser*

Knoblauch, Zwiebeln, Ingwer und grüne Pfefferschoten in heißem Öl 5 Minuten braten, dann Kurkuma, Currypulver und Salz hinzufügen, alles gut vermischen und unter dauerndem Rühren noch einmal 5 Minuten kochen (dabei darauf achten, daß die Gewürze nicht anbrennen und bitter werden). Anschließend das Fleisch in die Pfanne geben und wiederum 5 Minuten weiterkochen, dann alles mit 1 Tasse heißem Wasser aufgießen und auf kleiner Flamme 30 Minuten garen, bis das Fleisch zart ist. Falls das Gericht zu dünnflüssig ist, lassen Sie es noch einige Minuten im offenen Topf weiterkochen.

# *Shub Deg Curry*

Lamm-Curry mit Gemüse

Für 6–8 Personen:

*8 Knoblauchzehen*

*10 Scheiben Ingwerwurzel · 4 Pfefferkörner*

*3 mittelgroße Zwiebeln · 500 g Lammhackfleisch*

*50 g Butterfett · 500 g mageres Lammgulasch*

*1 TL Kurkuma · 2 EL gemahlener Koriander*

*2 EL gemahlener Kreuzkümmel · ½ l Joghurt*

*1 TL Tomatenmark · Salz · 500 g kleine weiße Rüben*

*250 g Karotten · 2 Zucchini · 1 Gurke*

Zuerst die Hälfte des Knoblauchs und des Ingwers zusammen mit den Pfefferkörnern, etwas Salz und 1 Zwiebel in einer Schüssel zerkleinern und gut vermischen, dann das Hackfleisch hineingeben, alles gut durchkneten und aus dieser Mischung walnußgroße Bällchen formen. Die restlichen Zwiebeln in Ringe schneiden, in Butterfett goldbraun braten, dazu das Fleisch und die Bällchen geben und anschließend alle restlichen Gewürze, den Joghurt, das Tomatenmark und zum Schluß das Salz hinzufügen, gut verrühren und 10 Minuten kochen. Sobald der größte Teil der Flüssigkeit verkocht ist, kommen die geviertelten Rüben und Karotten in den Topf. 20 Minuten weiterkochen. Inzwischen den Rest des Ingwers und des Knoblauchs zerquetschen und in 1 Tasse Wasser gelöst über die Fleischmischung gießen. Nachdem alles gar ist, kommen die kleingeschnittenen Zucchini und die Gurkenscheiben oben auf das Essen und werden noch 10 Minuten langsam gar gekocht.

## *Lamm-Curry mit Artischocken*

Für 6–8 Personen:

*500 g Artischockenböden · 1 große Zwiebel (in Scheiben)*

*8 EL Butterfett · 2 EL gemahlener Koriander*

*1 EL gemahlener Kreuzkümmel · 4 Knoblauchzehen*

*5 Scheiben Ingwerwurzel · 1 EL Kurkuma*

*Salz · 1000 g Lammgulasch*

Die Artischockenböden vierteln und 10 Minuten in kaltem Wasser einweichen. Inzwischen die Zwiebelringe im Butterfett bräunen, dann Koriander, Kreuzkümmel, Knoblauch, Ingwer, Kurkuma und Salz dazugeben und 5 Minuten mitkochen. Das Fleisch und die Artischocken in diese Sauce geben und darin gar kochen.

## *Lamm-Curry mit Auberginen*

Für 6 Personen:

*1 große Aubergine · 2 mittelgroße Zwiebeln*

*2 EL Pflanzenfett · 1000 g mageres Lammgulasch*

*4 Knoblauchzehen · 2 TL Kreuzkümmel · 1 TL Kurkuma*

*1 EL Tomatenmark · 2 EL gemahlener Koriander*

*½ TL gemahlener Ingwer · ¼ l Joghurt*

*Salz nach Geschmack*

Die Aubergine in etwa 5 cm große Würfel schneiden und bis zum Gebrauch in Salzwasser einweichen. Unbedingt Salzwasser verwenden, da die Auberginenstücke sonst schwarz werden! Die Zwiebeln im Fett schön braun braten, alle anderen Zutaten (außer der Aubergine) mit 2 Tassen Wasser dazugeben und ungefähr 15 Minuten auf kleiner Flamme kochen. Dann die Auberginenstücke hinzufügen und alles zusammen weitergaren, bis das Fleisch zart ist.

## *Lamm-Curry mit Mandeln*

Für 6 Personen:

*5 EL Butterfett · 3 mittelgroße Zwiebeln (in Scheiben)*

*1 Stück Ingwerwurzel (2½ cm dick) oder 1 EL gemahlener Ingwer*

*1 EL Kurkuma · 2 EL Currypulver*

*1000 g Lammkeule (vom Knochen gelöst und in 2½ cm große Würfel geschnitten)*

*1 Tasse Joghurt · 1½ TL Salz*

*1 Tasse blanchierte Mandeln · ½ Tasse Sahne*

3 EL Butterfett in einer schweren Pfanne erhitzen und darin die Zwiebelringe unter dauerndem Rühren 10 Minuten braten, anschließend Ingwer, Kurkuma, Currypulver und das Fleisch hineingeben, gut umrühren, damit das Fleisch überall von den Gewürzen bedeckt ist. Dann die restliche Butter in die Pfanne geben und das Fleisch 10 Minuten schmoren, bis es schön braun ist. Mit Joghurt ablöschen, das Salz zufügen und alles auf kleiner Flamme 45 Minuten garen. Zuletzt die Mandeln und die Sahne zum Fleisch geben und noch 10 Minuten sanft köcheln lassen.

## *Lamm-Curry mit Äpfeln*

Für 4–6 Personen:

*2 große Zwiebeln (in Scheiben) · 4 EL Fett*

*4 Knoblauchzehen · 5 Scheiben Ingwerwurzel*

*1½ EL Koriander · 1 EL gemahlener Kreuzkümmel*

*¼ l Joghurt · 1 EL Tomatenmark · Salz nach Geschmack*

*750 g mageres Lammgulasch · 500 g grüne Äpfel*

Die Zwiebeln im Fett goldbraun braten, dann Knoblauch, Ingwer, Koriander und Kreuzkümmel zufügen und 2 Minuten kochen. Anschließend Joghurt, Tomatenmark und Salz in den Topf geben, 5 Minuten weiterkochen und das Fleisch in dieser dicklichen Sauce garen. Inzwischen die Äpfel schälen, in Keile schneiden und, sobald das Fleisch gar ist, zu dem Curry geben. Dieses noch einige Minuten kochen, bis es weich ist.

## *Lamm-Korma*

Für 6 Personen:

*2 mittelgroße Zwiebeln (gehackt) · 8 EL Pflanzenfett*

*8 Knoblauchzehen · 10 Scheiben Ingwerwurzel*

*2 EL gemahlener Koriander · 2 TL gemahlener Kreuzkümmel*

*1 TL Kurkuma · Salz nach Geschmack*

*1000 g mageres Lammgulasch · ¼ l Joghurt*

*2 EL Tomatenmark*

Die Zwiebeln im Fett goldbraun rösten, dann Knoblauch, Ingwer, Koriander, Kreuzkümmel, Kurkuma und Salz dazugeben und

2 Minuten kochen, bevor das Fleisch zusammen mit Joghurt und Tomatenmark in den Topf kommt. Bei schwacher Hitze garen, bis das Fleisch zart ist. Nach der halben Kochzeit kann etwas Wasser für eine Sauce angegossen werden.

## *Kutcha Korma*

Scharfes Lamm-Curry

| |
|---|
| *500 g Lammkeule (in 2½ cm großen Würfeln)* |
| *½ l Joghurt · Salz nach Geschmack · ½ TL Knoblauchpulver* |
| *½ TL schwarzer Pfeffer · 1 TL gemahlener Ingwer* |
| *½ TL zerkleinerte rote Pfefferschoten · 50 g Butterfett* |
| *1 große Zwiebel (in Scheiben) · 1 EL gemahlener Kreuzkümmel* |
| *6 Kardamomkapseln (geschält) · 1 EL gemahlener Koriander* |
| *1 EL Tomatenmark · 6 Gewürznelken* |

Das Lammfleisch mit Joghurt und Salz vermischen und beiseite stellen. Dann in einer Schüssel das Knoblauchpulver mit schwarzem Pfeffer, Ingwer und den zerkleinerten roten Pfefferschoten vermengen und 1 Tasse Wasser dazugeben. Inzwischen das Butterfett in einem tiefen Topf erhitzen, die Zwiebeln darin rösten, dann alle Zutaten und die restlichen Gewürze in den Topf geben und mit 1 Tasse heißem Wasser aufgießen. Auf kleiner Flamme 30 Minuten garen und darauf achten, daß nichts anbrennt.

## *Lamm-Curry aus Pakistan*

Für 6–8 Personen:

*2 mittelgroße Zwiebeln (in Scheiben) · 100 g Butterfett*

*2 EL gemahlener Koriander · 2 TL Salz*

*5 Kardamomkapseln (geschält) · 5 Gewürznelken*

*6 Knoblauchzehen · 1 EL gemahlener Ingwer*

*1000 g Lammkeule (in Würfeln) · 12 kleine weiße Rüben*

*1 EL Zucker · 1 Prise Safran*

Die Zwiebeln in Butterfett goldbraun braten, dann Koriander, Salz, Kardamom, Nelken, Knoblauch und Ingwer dazugeben und bei geringer Hitze 5 Minuten mitschmoren. Das Fleisch in den Topf geben und wiederum 5 Minuten kochen. Während dieser Zeit die Rüben schälen, zusammen mit dem Zucker zum Fleisch geben und alles weitere 25 Minuten garen. Inzwischen den Safran in 1/4 Tasse heißem Wasser auflösen. Nach 25 Minuten 2 Tassen heißes Wasser zum Fleisch geben (oder auch weniger, je nachdem, wieviel Sauce gewünscht wird) und weiterkochen, bis das Fleisch gar ist. Kurz vorher noch schnell das Safranwasser hineinrühren, 5 Minuten später den Topf vom Feuer nehmen und servieren.

## *Lamm-Curry aus Madras*

*¼ Tasse Pflanzenöl · 2 mittelgroße Zwiebeln (gehackt)*
*2 Knoblauchzehen (gehackt) · 1½ EL beliebiges Currypulver*
*2 EL Tomatenmark · 500 g Lammkeule (in Würfeln)*

Das Öl in einer Pfanne heiß werden lassen, die Zwiebeln und Knoblauchzehen darin goldbraun braten, anschließend das Currypulver und das Tomatenmark hinzufügen und 5 Minuten kochen. Das Fleisch in diese Sauce geben, umrühren, die Pfanne zudecken und auf kleiner Flamme kochen, bis das Fleisch gar ist. Möglichst überhaupt kein Wasser dazugeben. Falls es sich aber nicht umgehen läßt, ein klein wenig heißes Wasser hineingießen. Noch besser ist es natürlich, eine beschichtete Pfanne zu verwenden.

## *Lamm-Curry aus Kaschmir*

Für 6 Personen:

*1 TL Safran · ¼ Tasse Pflanzenöl*
*1000 g Lammfleisch (in Würfeln, von Schulter oder Keule)*
*¼ l Joghurt · ½ TL gemahlener Ingwer · 1 TL scharfer Paprika*
*1 TL gemahlener Kreuzkümmel · ½ TL gemahlener Kümmel*
*1 TL Piment · Salz nach Geschmack*

Zuerst den Safran in 1 EL heißem Wasser auflösen. Dann das Öl in einer Pfanne erhitzen und das Fleisch darin schön braun braten, anschließend mit Joghurt ablöschen und bei kleiner Hitze weiterkochen, bis alle Flüssigkeit verdampft ist. Alle anderen Zutaten (außer Safran und Salz) dazugeben und alles 1 Stunde kochen lassen, bis das Fleisch zart ist. Das Safranwasser darübergießen, mit Salz abschmecken und weitere 15 Minuten garen. Dieses Lamm-Curry ist trocken und sollte zusammen mit einer Suppe serviert werden.

## *Lamm- und Dhal-Korma*

(Foto Seite 113)

Für 8 Personen:

*1500 g Lammgulasch · 2 Tassen gelbe Erbsen*

*5 cm Ingwerwurzel in Streifen · 1 TL Knoblauchpulver*

*1 Zimtstange (7½ cm lang) · 10 Kardamomkapseln (geschält)*

*½ l Joghurt · 2 grüne Pfefferschoten*

*3 EL gemahlener Koriander · 5 Gewürznelken*

*1 EL Tomatenmark · 1 Prise Cayenne-Pfeffer (freigestellt)*

*Salz · 2 große Zwiebeln (gehackt) · 100 g Butterfett*

Alle Zutaten (außer Butterfett und Zwiebeln) in einen großen Topf geben, mit 2 Tassen Wasser auffüllen und bei mittlerer Hitze 30 Minuten kochen lassen. Falls die Erbsen und das Fleisch zu diesem Zeitpunkt noch nicht ganz gar sein sollten, noch 1 Tasse Wasser hineingießen und weiterkochen, bis alles zart ist. Inzwischen die Zwiebeln im Butterfett bräunen und auf dem fertigen Gericht verteilen.

# *Hosani Curry*

Lamm-Curry am Spieß

Für 6 Personen:

*1000 g Lammgulasch · 1 Stück Ingwerwurzel (5 cm lang)*

*3 große Zwiebeln · 100 g Butterfett*

*1 TL Knoblauchpulver · 1 EL gemahlener Kreuzkümmel*

*½ TL zerkleinerte Pfefferschoten · ¼ l Joghurt*

*1 EL Tomatenmark · 1 EL gemahlener Koriander*

*½ TL Kurkuma · Salz nach Geschmack*

Zuerst das Lammfleisch in wenig Wasser (es soll das Fleisch nur gerade bedecken) langsam gar kochen. Inzwischen zwei Drittel des Ingwers in 3 mm dicke Scheiben und 2 Zwiebeln in so große Stücke schneiden, daß man sie noch gut aufspießen kann. Sobald das Fleisch kühl genug ist, immer abwechselnd ein Stück Fleisch, ein Stück Ingwer und zuletzt ein Stück Zwiebel auf den Spieß stecken. Dann das Butterfett in einem großen Topf erhitzen, die letzte Zwiebel und den Rest des Ingwers hacken, zusammen mit allen anderen Zutaten in den Topf geben und 5 Minuten leise kochen. Anschließend die Spieße in diese Sauce legen, noch 1 Tasse Wasser dazugießen und so lange kochen, bis das Fleisch wieder heiß ist.

# *Noch ein Lamm-Curry am Spieß*

Für 6 Personen:

*1000 g Lammkeule*

*60 g Ingwerwurzel (in dünnen Scheiben)*

*3 Zwiebeln (geviertelt) · 6 Knoblauchzehen (gehackt)*

*1 EL gemahlener Koriander · 2 TL Kurkuma*

*1 EL gemahlener Kreuzkümmel · 4 EL Öl · 2 TL Salz*

*1 Tasse Joghurt · 1 EL Tomatenmark*

Das Fleisch im Stück gar kochen. Sobald es etwas abgekühlt ist, in 3 cm große Würfel schneiden und anschließend immer abwechselnd je ein Stück Fleisch, Ingwer und Zwiebel auf die Spieße stekken. Als nächstes die gehackten Knoblauchzehen in ½ Tasse warmes Wasser rühren, danach Koriander, Kurkuma, Kreuzkümmel und eventuell übriggebliebenen Ingwer ebenfalls in dieses Wasser mischen. Jetzt das Öl in einer schweren Pfanne erhitzen, die restlichen Zwiebeln darin leicht braun braten, dann die Gewürzmischung dazugeben, gleich danach Salz, Joghurt und das Tomatenmark hineinrühren und diese Sauce 5 Minuten auf kleiner Flamme kochen. Die Spieße in die Pfanne legen und 10 Minuten langsam in der Sauce erhitzen.

## *Kofta*

Currygericht mit Fleischbällchen

FÜR DIE FLEISCHBÄLLCHEN:

*500 g Lammhackfleisch · 1 Zwiebel (gehackt)*

*1 grüne Pfefferschote (fein gehackt)*

*6 Knoblauchzehen (kleingehackt) · 1 EL Worcester-Sauce*

*2 TL Majoran · 1 TL Thymian · 2 TL Salz*

*1 EL Currypulver · 1 verquirltes Ei*

FÜR DAS CURRY:

*1 Zwiebel (gehackt) · 1 TL gemahlener Ingwer*

*1 EL Butterfett oder Pflanzenöl · 1 TL Kurkuma*

*1 TL Currypulver · 1 TL Salz · 250 g Tomaten (in Scheiben)*

*1 EL Joghurt oder Zitronensaft · 1 Tasse heißes Wasser*

Dieses Rezept ist ein gutes Grundrezept für Fleischbällchen. Diese können Sie auch als Vorspeise oder Beilage zu anderen Gerichten servieren.

Dafür alle Zutaten (außer dem Ei) gut vermischen. Aus diesem Fleischteig kleine Bällchen formen, in dem verquirlten Ei wälzen und bei mäßiger Hitze braten.

Für dieses Currygericht *Fleischbällchen* nach obigem Rezept zubereiten, aber nicht braten. Anschließend die gehackte Zwiebel zusammen mit Ingwer in heißem Öl braten, dann Kurkuma, Currypulver und Salz dazugeben und 5 Minuten kochen. Die Tomatenscheiben und den Joghurt oder den Zitronensaft zufügen und 5–10 Minuten schön durchbraten, dann die Fleischbällchen hineinlegen, 5 Minuten vorsichtig rühren und zuletzt mit heißem Wasser aufgießen. Den Topf schließen und noch 15 Minuten garen.

## *Do Piazza Curry*

Lamm-Curry mit Zwiebeln

*500 g Lammgulasch · ½ l Joghurt*

*1 EL Tomatenmark · 1 TL gemahlener Kreuzkümmel*

*¼ Tasse Pflanzenöl · 1 TL Knoblauchpulver*

*1 EL gemahlener Koriander · ½ TL Cayenne-Pfeffer · Salz*

*1000 g Zwiebeln (in Scheiben) · 1 EL Zitronensaft*

Das Fleisch mit Joghurt, Tomatenmark, Kreuzkümmel, Öl, Knoblauch, Koriander, Cayenne-Pfeffer und Salz vermischen und alles in einem schweren Topf bei mäßiger Hitze so lange kochen, bis das Fleisch zart und alle Flüssigkeit verdampft ist. Um das Ansetzen zu verhindern, muß unter Umständen ein wenig Wasser dazugegeben werden, aber wirklich nur *sehr* wenig! Inzwischen die Zwiebeln in dünne Scheiben schneiden, auf dem Fleisch verteilen und 30 Minuten weiterkochen. Zuletzt den Zitronensaft hineinrühren und sofort servieren.

# Currygerichte mit Hühnerfleisch

## *Hähnchen-Curry*

(Foto Seite 131)

*¼ Tasse Pflanzenöl · 2 mittelgroße Zwiebeln (gehackt)*
*4 Knoblauchzehen (gehackt) · 2 EL Currypulver*
*2 EL Tomatenmark · 1250 g Brathähnchen (zerlegt) · 2 TL Salz*
*2 EL Zitronensaft · 2 EL Kokosflocken (ungesüßt)*

Das Öl in einer Pfanne erhitzen und darin Zwiebeln und Knoblauch goldbraun rösten. Dann das Currypulver dazugeben und unter ständigem Rühren 3 Minuten auf kleiner Flamme kochen, anschließend das Tomatenmark unter die Mischung rühren und wieder 3 Minuten weiterkochen. Zum Schluß das Hühnerfleisch in die Pfanne geben und mit ½ Tasse Wasser aufgießen. Dann den Deckel schließen und die Hitze auf kleinste Stufe reduzieren. Nach 20 Minuten Garzeit das Essen mit Salz abschmecken, den Zitronensaft und die Kokosflocken daruntermischen und servieren.

## *Hähnchen-Curry mit Linsen*

*½ Tasse Linsen · ¼ TL zerkleinerte rote Pfefferschoten*
*¼ Tasse Pflanzenöl · 2 mittelgroße Zwiebeln (in Scheiben)*
*4 Knoblauchzehen (in Scheiben)*
*2 EL Currypulver · 1250 g Brathähnchen (zerlegt)*
*4 große Tomaten (geachtelt) · ¼ Tasse Kokosflocken (ungesüßt)*
*2 EL Zitronensaft · 2 TL Salz*

Die Linsen zusammen mit den zerkleinerten roten Pfefferschoten in 2 Tassen Wasser gar kochen. Anschließend das Öl erhitzen, Zwiebeln und Knoblauch 5 Minuten bei mäßiger Hitze darin schmoren, dann das Currypulver dazugeben und alle 3 Minuten rühren. Zuletzt das Fleisch und die Tomaten in den Topf geben und alles etwa 15 Minuten kochen lassen. Dann kommen noch die Linsen samt Kochwasser, Kokosflocken, Zitronensaft und Salz hinein, und nach weiteren 10 Minuten Kochzeit ist das Essen fertig.

## *Murgee Masalah*

Hähnchen-Curry mit Kurkuma

*1500 g Brathähnchen · 2 große Zwiebeln (gehackt)*
*4 gehackte Tomaten · ½ TL Knoblauchpulver*
*1 TL Kurkuma · 1 Zimtstange (5 cm lang) · 6 Gewürznelken*
*1 TL gemahlener Ingwer · 1 EL gemahlene Mohnsamen*
*2 TL gemahlener Kreuzkümmel · 6 Kardamomkapseln (geschält)*
*Salz nach Geschmack · 2 Tassen Wasser · 8 EL Pflanzenöl*

Das Hühnerfleisch kleinschneiden und beiseite stellen. Aus den übrigen Zutaten (ohne das Öl) in einem Mixer eine Sauce herstellen und diese zusammen mit dem Fleisch in einem Topf bei mäßiger Hitze ungefähr 1 Stunde garen, bis das Fleisch zart ist. Anschließend das Öl in einem schweren Topf erhitzen und das Hähnchen-Curry noch 5 Minuten darin braten, dann servieren.

## *Hühner-Korma*

Für 6 Personen:

*1500–2000 g Suppenhuhn · 1 Prise Safran*

*4 EL Pflanzenfett · 2 große Zwiebeln (gehackt)*

*Salz nach Geschmack · ½ l Joghurt · 1 EL Tomatenmark*

*2 EL gemahlener Koriander · ½ TL Nelkenpulver*

*5 Gewürznelken · 6 Scheiben Ingwerwurzel*

*1 EL gemahlener Kreuzkümmel · 5 Kardamomkapseln (geschält)*

*1 Zimtstange (5 cm lang)*

Zuerst das Huhn in mundgerechte Stücke teilen und den Safran in ½ Tasse heißem Wasser lösen. Dann das Fett in einem Topf erhitzen, die Zwiebeln darin bräunen, anschließend das Fleisch zusammen mit Salz, Joghurt, Tomatenmark und allen Gewürzen dazugeben und 15 Minuten kochen. Sollte die Sauce etwas zu dick sein, ungefähr 2 Tassen kochendes Wasser hineingießen und alles weitere 30 Minuten garen. Sobald das Fleisch zart ist, das Safranwasser zugießen und 5 Minuten ziehenlassen.

## *Murgee Badam*

Hähnchen-Curry mit Mandeln

*1½ TL gemahlener Ingwer · 2 TL Salz*

*4 EL scharfer Paprika · 2 TL Zimt · 1500 g Brathähnchen*

*¼ Tasse Pflanzenöl · 1 Zwiebel (gehackt)*

*2 EL Tomatenmark · ½ Tasse Wasser*

*4 EL gemahlene Mandeln · 2 EL gemahlener Mohn*

*2 EL Mandeln (in Scheiben) · 2 TL gemahlener Kardamom*

*1 TL Safran (aufgelöst in 4 EL Zitronensaft)*

Ingwer, Salz, Paprika und 1 TL Zimt vermischen, damit das in mundgerechte Stücke geschnittene Hühnerfleisch gut einreiben und 1 Stunde einziehen lassen. In einem schweren Topf das Öl erhitzen, die Zwiebeln bräunen, dann das Hühnerfleisch dazugeben und ebenfalls goldbraun braten. Anschließend mit Tomatenmark und Wasser ablöschen, auf kleiner Flamme ungefähr 1 Stunde kochen und dann die gemahlenen Mandeln und Mohnsamen hineingeben. Inzwischen in einem kleinen Topf die Mandelscheiben, 1 TL Zimt und den Kardamom in ganz wenig Öl rösten und zusammen mit dem Safran-Zitronensaft zu dem Currygericht geben.

# *Hähnchen-Curry aus Bengalen*

(Foto Seite 131)

Für 8 Personen:

*2500 g Brathähnchen · 1 TL Salz · ¼ TL Kurkuma*

*¼ Tasse Pflanzenöl oder -fett · 2 große Zwiebeln (in Ringen)*

*10 Gewürznelken · 3 zerkrümelte Lorbeerblätter*

*1 Aubergine (in Würfeln)*

*2 mittelgroße Kartoffeln (in 2½ cm großen Würfeln)*

*2 Tassen Wasser · ½ TL Kurkuma · 2 TL Salz*

*2 Tomaten (kleingeschnitten)*

FÜR DIE GEWÜRZMISCHUNG:

*1 EL Fett · 2 EL Currypulver · ¼ TL Zimt*

*2 Kardamomkapseln (geschält)*

Die Hähnchen in Stücke schneiden und mit Salz und Kurkuma einreiben. Dann das Öl oder Fett in einer großen, schweren Bratpfanne erhitzen und Zwiebeln, Nelken und Lorbeerblattstücke darin schmoren, bis die Zwiebeln glasig werden. Jetzt das Hühnerfleisch in die Pfanne geben und unter häufigem Wenden goldbraun braten. Anschließend die Auberginen und Kartoffeln dazugeben und alles auf kleiner Flamme kochen lassen, während die Gewürzmischung zubereitet wird.

Dafür das Fett in einer Pfanne schmelzen, Currypulver, Zimt und Kardamom hineingeben und nicht ganz 5 Minuten kochen, bis die Gewürze dunkelbraun werden. Diese Mischung über dem Hühnerfleisch verteilen. Anschließend das Wasser in die Pfanne gießen, Kurkuma und Salz darin lösen und ebenfalls in den Hühnertopf geben. Zuletzt noch die kleingeschnittenen Tomaten zufügen und alles bei geschlossenem Deckel 20 Minuten sanft kochen, bis die Auberginen und Kartoffeln fast gar sind. Dann den

Deckel entfernen und das Essen noch 10–15 Minuten im offenen Topf weitergaren.

## *Hühner-Curry aus Pakistan*

Für 6 Personen:

*2 große Zwiebeln (in Scheiben)*

*3 Knoblauchzehen · 1 Stück Ingwerwurzel (2½ cm dick)*

*6 EL Butter- oder Pflanzenfett*

*1500 g Suppenhuhn (in Stücken) · ¼ l Joghurt*

*1 EL Tomatenmark · 1 EL gemahlener Koriander*

*1 TL gemahlener Kreuzkümmel · 1 TL Kurkuma*

*Salz nach Geschmack*

Zwiebeln, Knoblauch und Ingwer in heißem Fett bräunen, dann das Hühnerfleisch zusammen mit Joghurt, Tomatenmark und Gewürzen dazugeben, gut umrühren und 15 Minuten schmoren, wobei alle Flüssigkeit verdampfen sollte. Anschließend mit 2 Tassen heißem Wasser aufgießen und kochen, bis das Fleisch zart ist. Falls zuviel Flüssigkeit verdampft, kann nach der halben Garzeit noch etwas Wasser zugegeben werden.

## *Hähnchen-Molee*

*1500 g Brathähnchen · 8 EL Pflanzenöl*
*1 große Zwiebel (gehackt) · 1/4 TL Knoblauchpulver*
*1 1/2 TL gemahlener Ingwer · 1/2 TL Nelkenpulver*
*1 TL Kurkuma · 1 TL gemahlener Kardamom · 1 TL Zimt*
*Salz · 1 Tasse dicke Kokosmilch (s. Seite 20)*

Das Hühnerfleisch kleinschneiden, in Wasser 20–30 Minuten kochen, bis das Fleisch gar, aber nicht zu weich ist, und beiseite stellen. In einer Pfanne das Öl erhitzen, die Zwiebeln darin bräunen, dann Knoblauch, Ingwer, Nelken, Kurkuma, Kardamom, Zimt und Salz hinzufügen und auf kleiner Flamme 5 Minuten rösten. Allmählich die Kokosmilch zugeben, langsam zum Kochen bringen, dann das Hühnerfleisch hineinlegen und alles so lange in der offenen Pfanne kochen, bis das Fleisch heiß ist.

## *Brathähnchen-Curry mit Endivie*

*4 EL Pflanzenfett · 2 mittelgroße Zwiebeln (gehackt)*
*4 Knoblauchzehen (gehackt) · 2 EL Currypulver*
*5 Kardamomkapseln (geschält) · 1 Zimtstange (5 cm lang)*
*4 Gewürznelken · 2 EL gemahlene Mandeln*
*2 TL Salz · 1250 g Brathähnchen (zerlegt)*
*1 Tasse dicke Kokosmilch (s. Seite 20)*
*2 Tassen feingehackte Endivie · 2 EL Zitronensaft*

Das Fett erhitzen, Zwiebeln und Knoblauch darin leicht braun braten, dann alle Gewürze (einschließlich Currypulver und Mandeln) dazugeben und unter ständigem Umrühren 5 Minuten mitbraten, anschließend das Hähnchenfleisch in den Topf geben und zugedeckt 15 Minuten langsam kochen. Als nächstes Kokosmilch und Endivie dazugeben, gut umrühren und weiterkochen, bis das Fleisch zart ist. Dann den Zitronensaft hineinrühren und schnell servieren.

## *Hähnchen-Curry aus Madras*

*1000–1250 g Brathähnchen · 5 EL Butterfett*

*3 Zwiebeln (kleingeschnitten) · 1 Knoblauchzehe (zerkleinert)*

*1½ EL Currypulver · 2 Tassen heiße Hühnerbrühe*

*2 EL Chutney · ½ Tasse Rosinen*

*2 saure Äpfel (geschält und in Scheiben geschnitten)*

*½ TL gemahlener Ingwer · ½ TL Salz*

*¼ Tasse blanchierte, geschälte Mandeln · 1 TL Butter*

*½ Tasse Sahne · ½ Zitrone*

Das Hähnchen zerlegen und das Fleisch in 2½ cm große Stücke schneiden. Diese in Mehl wälzen, in 3 EL Butterfett leicht braun braten und auf einem Teller warm stellen. Anschließend Zwiebeln und Knoblauch in derselben Pfanne bräunen. In einer zweiten Pfanne die restlichen 2 EL Butterfett schmelzen, das Currypulver hineinrühren und dann allmählich mit Hühnerbrühe auffüllen. Anschließend Chutney, Rosinen, Apfelstücke, Ingwer und Salz dazugeben. Jetzt die Mandeln kleinhacken, in 1 TL Butter goldbraun rösten und dann in einem Mörser zu einer Paste zerquetschen. Diese in die inzwischen erhitzte Sahne einrühren und 5 Minuten langsam kochen. Die Mandel-Sahne anschließend zu dem Currygericht geben, alles gut umrühren und im offenen Topf

15 Minuten garen. Dann den Saft der halben Zitrone zugeben und eventuell noch etwas Brühe, falls zuviel Flüssigkeit verkocht ist.

## *Hähnchen-Vindaloo*

Für 4–6 Personen:

*500 g Kartoffeln · 4 Knoblauchzehen*

*1 Stück Ingwerwurzel (2½ cm dick) · 2 mittelgroße Zwiebeln*

*2 EL getrocknete Petersilie · 3 TL Salz*

*2 EL Currypulver · ¼ Tasse Joghurt*

*1000 g Brathähnchen (zerlegt) · 8 EL Öl · 2 TL Kurkuma*

*3 Tomaten (in Scheiben) · 2 Tassen heißes Wasser*

Die Kartoffeln ankochen und halbieren. Knoblauch, Ingwer und Zwiebeln kleinschneiden, mit Petersilie, Salz, Currypulver und Joghurt vermengen und die Hälfte dieser Mischung zusammen mit dem Fleisch und den Kartoffeln in eine Schüssel geben. 2 Stunden durchziehen lassen. Anschließend den Rest der Mischung im heißen Öl braten, Kurkuma und Tomaten zugeben und einige Minuten schmoren, anschließend das Fleisch in den Topf geben, 10 Minuten weiterkochen, dann alles mit 2 Tassen heißem Wasser ablöschen und zugedeckt auf kleiner Flamme ungefähr 1½ Stunden garen. Danach die Kartoffeln und vielleicht noch etwas Wasser zugeben und das Essen weitere 30 Minuten kochen, bis alles weich ist.

# *Hühner-Tunduri*

Für 6–8 Personen:

*½ l Joghurt · Salz · ¼ Tasse Zitronensaft*

*½ TL Anis · 1 EL gemahlener Koriander*

*½ TL zerkleinerte rote Pfefferschoten*

*1500 g Brathähnchenfleisch (am besten Brustfleisch)*

*¼ Tasse Pflanzenöl*

Aus Joghurt, Salz, Zitronensaft, Anis, Koriander und zerkleinerten roten Pfefferschoten eine Marinade herstellen und das kleingeschnittene Hühnerfleisch darin nach Möglichkeit 48 Stunden ziehen lassen (mindestens jedoch 24 Stunden). Anschließend den Backofen auf 200 °C vorheizen, die Fleischstücke mit Öl einpinseln und backen, bis sie zart sind. Damit das Fleisch nicht austrocknet, ab und zu mit Marinade begießen.

# Currygerichte mit Fisch

Bekanntlich ist Indien ein Subkontinent und fast überall von Meer umgeben. Das ist die Erklärung für die große Bedeutung, die der Fisch in der indischen Küche einnimmt. Die besten Rezepte stammen aus Bengalen und Bangla Desh.
Es werden sehr viele verschiedene Arten gefangen, sowohl Süß- als auch Salzwasserfische. Sie sind ein sehr beliebtes Nahrungsmittel, und sogar die nicht ganz strikt vegetarisch lebenden Hindus essen gelegentlich Fisch, auch wenn sie Fleisch ablehnen.

## *Fisch-Curry*

*1½ EL Butterfett · 1 Zwiebel · 2 Knoblauchzehen*

*2 EL Petersilie · 1 TL Kurkuma · 1½ TL Salz*

*1 EL Kokosflocken (ungesüßt) · 1 TL Currypulver*

*2 mittelgroße Tomaten · 2 EL Joghurt*

*500 g Kabeljau, Barsch oder Forelle*

Das Butterfett in einem Topf erhitzen, die kleingehackten Zwiebeln und Knoblauchzehen zusammen mit der Petersilie darin bräunen, anschließend Kurkuma, Salz, Kokosflocken und Currypulver dazugeben und 3 Minuten mitbraten. Dann die in Scheiben geschnittenen Tomaten hineingeben und weitere 10 Minuten schmoren, den Joghurt einrühren und noch einmal 5 Minuten bei

v. o. n. u.: *Nieren-Curry, Leber-Curry mit Ingwer, Lamm- und Dhal-Korma*
(Rezepte Seite 151, 152 und 97)

mittlerer Hitze kochen. Anschließend den Fisch dazugeben, mit Sauce bedecken und wieder zum Kochen bringen. Den Topf schließen und den Fisch 10 Minuten garen. Darauf achten, daß der Fisch nicht zu weich wird und zerfällt.

## *Fisch-Curry, besonders apart*

Zu dem folgenden Gericht benötigen Sie eigentlich Senföl, aber da es hier schwer zu bekommen ist, können Sie ohne weiteres Sesamöl verwenden, das Sie bestimmt in einem großen Feinkostgeschäft oder Reformhaus erhalten. Tamarinde ist hier ähnlich schwer zu finden, aber Zitronensaft ist ein relativ guter Ersatz. Ich persönlich verwende auch häufig Worcester-Sauce und gebe zum Schluß noch etwas Zitronensaft dazu.

| Für 6 Personen: |
| --- |
| *1000 g Heilbutt · ½ l Joghurt · 4 Knoblauchzehen* |
| *1 TL Kurkuma · 5 Scheiben Ingwerwurzel* |
| *1 EL gemahlener Koriander · Salz nach Geschmack* |
| *4 EL Sesamöl · ½ TL Sesamkörner* |
| *1 EL Tamarindensaft oder Worcester-Sauce* |
| *Saft von 1 Zitrone · 250 g Tomaten (in Keile geschnitten)* |

Den Fisch zusammen mit Joghurt, Knoblauch, Kurkuma, gehacktem Ingwer, Koriander und Salz in eine Schüssel geben. Inzwischen das Öl erhitzen und die Sesamkörner darin schön braun rösten (ungefähr 5 Minuten). Dann nach und nach den Inhalt der Schüssel in die Pfanne geben und vorsichtig 10 Minuten garen. Zum Schluß die Worcester-Sauce (oder den Tamarindensaft) und den Zitronensaft darüberträufeln und mit Tomatenkeilen garnieren.

## *Fisch-Curry aus Bombay*

*4 EL Pflanzenöl · 1 kleine Zwiebel (gehackt)*
*½ TL Knoblauchpulver · ½ TL gemahlener Ingwer*
*¼ TL zerkleinerte rote Pfefferschoten · 1 TL Kurkuma*
*1 EL gemahlener Koriander · 1 TL Senfkörner*
*1 TL Weizenmehl · 1 Tasse dicke Kokosmilch (s. Seite 20)*
*Salz nach Geschmack · 2 EL Zitronensaft*
*500 g Seezungenfilet*

Das Öl in einem Topf erhitzen, die Zwiebeln darin bräunen, dann Knoblauch, Ingwer, roten Pfeffer, Kurkuma, Koriander und Senfkörner dazugeben und 5 Minuten schmoren. Das Mehl mit 1 Tasse Kokosmilch, Salz und Zitronensaft vermischen, zu den Gewürzen geben und, sobald die Sauce dickt, den Fisch hineinlegen und garen. Dabei auf keinen Fall umrühren, sondern nur ab und zu die Pfanne leicht schütteln, damit nichts ansetzt.

## *Fisch-Molee*

*50 g Butterfett · 1 kleine Zwiebel (gehackt)*
*1 TL gemahlener Ingwer · ¼ TL Nelkenpulver*
*½ TL Knoblauchpulver · ½ TL Kurkuma*
*½ TL gemahlener Kardamom · ½ TL Zimt · Salz*
*½ Tasse dicke Kokosmilch (s. Seite 20) · 4 Seezungenfilets*

Das Butterfett in einem Topf erhitzen, die Zwiebeln darin goldbraun braten, dann Ingwer, Nelken, Knoblauch, Kurkuma, Kardamom, Zimt und Salz dazugeben und unter ständigem Rühren

3 Minuten auf kleiner Flamme rösten. Die Kokosmilch hineinrühren, langsam zum Kochen bringen, dann die Fischfilets hineinlegen und vorsichtig garen, ohne im Topf zu rühren.

## *Krabben-Curry*

(Foto Seite 87)

| Für 6 Personen: |
|---|
| *1 TL Salz · 1 TL Cayenne-Pfeffer · 1 TL Kurkuma* |
| *500 g Tiefseekrabben · 8 Zwiebeln (gehackt)* |
| *4 EL Butterfett · 6 Knoblauchzehen · 2 grüne Chilischoten* |
| *1 TL Kreuzkümmel · ½ TL Ingwerpulver* |
| *1 TL Garam Masala · 1 Tomate · 1 TL Zucker* |
| *1 TL Korianderblätter* |

Salz, Cayenne-Pfeffer und Kurkuma mischen. Die Krabben damit einreiben und 1 Stunde marinieren. Butterfett in einer Pfanne erhitzen und die Zwiebeln darin bräunen. Knoblauch, Chilischoten, Kreuzkümmel, Ingwer und Garam Masala zufügen und 2 bis 3 Minuten mitbraten. Die Krabben dazugeben und ebenfalls 2 bis 3 Minuten braten. Anschließend die Tomate, Zucker und Korianderblätter zufügen und zusammen garen, bis die Krabben fertig sind.

*Garam Masala* ist eine hocharomatische indische Gewürzmischung aus Kardamom, Zimt, Nelken, schwarzem Pfeffer, Kreuzkümmel und Koriander, die manchmal auch Chili enthält und besonders dann ihrem Namen »scharfes Gewürz« oder auch »wärmendes Gewürz« Ehre macht. Indische Hausfrauen bereiten es selber zu – bei uns gibt es Garam Masala als fertige Mischung zu kaufen.

## *Panierter Fisch*

*500 g Filets von Flunder oder Seezunge*
*1 EL Weinessig oder anderer Essig · 2 TL Salz*
*2 TL Currypulver · ½ Tasse warmes Wasser*
*4 EL Mehl (gewürzt mit scharfem Paprika, Salz und Pfeffer)*
*2 EL Petersilie (gehackt) · Pflanzenöl zum Braten*

Alle Gräten aus dem Fisch entfernen und die Filets halbieren, mit Essig beträufeln und mit Salz und Currypulver bestreuen. Das Wasser langsam in das Mehl rühren, die Petersilie dazugeben und den Teig gut umrühren. Inzwischen das Öl in einer Pfanne stark erhitzen, die Fischfilets im Teig wälzen und in die Pfanne geben. Sie müssen sehr schnell gebraten werden, um nicht zuviel Öl aufzusaugen. Anschließend die Filets auf Küchenpapier abtropfen lassen und mit Zitronen und Petersilie garniert servieren.

## *Macchi Kofta*

Fischbällchen

*500 g Kabeljaufilets · 1½ TL Salz · 1 EL Currypulver*
*1 EL Zitronensaft · 1 Zwiebel · 2 EL Petersilie · 2 Eier*
*2 EL Semmelbrösel · Pflanzenöl zum Braten*

Den Fisch kochen, die Haut abziehen und die Gräten entfernen. Dann das Fischfilet in einem Mixer pürieren, anschließend Salz, Currypulver, Zitronensaft, gehackte Zwiebeln und Petersilie dazugeben und gründlich vermischen. 12 kleine Bällchen formen, in den geschlagenen Eiern und anschließend in den Semmelbröseln wälzen; im heißen Fett schwimmend 10 Minuten ausbacken.

## *Krabben-Curry aus Burma*

(Foto Seite 69)

Für 6 Personen:

*1000 g große Krabben · 6 EL Pflanzenöl*

*2 mittelgroße Zwiebeln (gehackt) · 1/4 TL Cayenne-Pfeffer*

*1 Tube Sardellenpaste · 1 TL Kurkuma*

*1 EL Knoblauchpulver · 1 EL gemahlener Koriander*

*4 mittelgroße Tomaten (in Keile geschnitten)*

*1 EL Tomatenmark · 1 Tasse heißes Wasser*

*Salz nach Geschmack · Petersilie*

Die Krabben schälen, die Därme entfernen und das Krabbenfleisch beiseite stellen. Das Öl in einer Pfanne erhitzen, die Zwiebeln darin braten, bis sie glasig werden, dann Cayenne-Pfeffer, Sardellenpaste, Kurkuma, Knoblauch und Koriander dazugeben und 2 Minuten mitkochen. Das Krabbenfleisch hineingeben und weitere 4 Minuten kochen, zuletzt das Tomatenmark hinzufügen, mit 1 Tasse heißem Wasser aufgießen, salzen und weitere 5 Minuten garen. Mit Petersilie garnieren.

## *Garnelen-Curry aus Pakistan*

Für 2–3 Personen:

*12 große Garnelen · 1 große Zwiebel · 50 g Butterfett*

*2 EL Tomatenmark · ¼ l Joghurt · 10 Scheiben Ingwerwurzel*

*2 EL gemahlener Koriander · Salz nach Geschmack*

*8 Knoblauchzehen · 1 EL Kurkuma*

*1 TL gemahlener Kreuzkümmel*

Die Garnelen waschen, schälen, die Därme entfernen, mit Salz bestreuen und beiseite stellen. Dann die Zwiebel im Butterfett goldbraun braten, anschließend Tomatenmark, Joghurt, Ingwer, Koriander, Salz, Knoblauch, Kurkuma und Kreuzkümmel 3 bis 4 Minuten mitbraten und alles mit 1 Tasse Wasser aufgießen. Die Garnelen einige Male waschen, um alles Salz zu entfernen, dann in die Sauce legen und noch 4–5 Minuten kochen, bis sie gar sind.

## *Hummer-Curry*

Für 6–8 Personen:

*2 oder 3 große Hummer · 6 EL Butterfett*

*2 mittelgroße Zwiebeln (in Scheiben) · 1 EL Tomatenmark*

*1 EL gemahlener Kreuzkümmel · ½ TL Nelkenpulver*

*10 Scheiben Ingwerwurzel (kleingeschnitten)*

*¼ l Joghurt · 1 EL gemahlener Koriander · 1 TL Kurkuma*

*8 Knoblauchzehen (kleingeschnitten)*

*Salz nach Geschmack*

Die Hummer in einen großen Kessel mit kaltem Wasser legen, das Wasser zum Kochen bringen und die Hummer 15 Minuten darin ziehenlassen, anschließend schälen und die Därme entfernen. Das Butterfett heiß werden lassen und die Zwiebeln darin bräunen, dann das Hummerfleisch zusammen mit Tomatenmark, Kreuzkümmel, Nelkenpulver, Ingwer, Joghurt, Koriander, Kurkuma, Knoblauch und Salz zu den Zwiebeln geben und alles sanft kochen, bis das Hummerfleisch gar ist.

## *Hummer-Curry mit Gurke*

*1 großer Hummer · 1 große Zwiebel (gehackt)*

*6 EL Pflanzenöl · ½ TL Knoblauchpulver*

*1 EL gemahlener Koriander · ½ TL gemahlener Kreuzkümmel*

*1 TL Kurkuma · ½ TL gemahlener Ingwer*

*Salz nach Geschmack · 1 Tasse dünne Kokosmilch (s. Seite 20)*

*1 Gurke (in 1 cm dicken Scheiben)*

Zuerst den Hummer kochen, schälen und das Fleisch beiseite stellen. Dann die Zwiebel im Öl braun braten, anschließend Knoblauch, Koriander, Kreuzkümmel, Kurkuma, Ingwer und Salz dazugeben und bei kleiner Hitze 10 Minuten rösten. Nach und nach die Kokosmilch und anschließend die Gurkenscheiben hineingeben und so lange kochen, bis die Gurken gar sind. Wenn nötig noch etwas Kokosmilch zugeben und dann das Hummerfleisch in dieser Sauce aufwärmen.

*Anmerkung:* Statt Hummer können auch Krabben oder Krebse verwendet werden, ebenso kann die Gurke durch Zucchini, Auberginen oder Kürbis ersetzt werden.

## *Krabben-Curry mit Kokosflocken*

| Für 2–3 Personen: |
|---|
| *20 große Krabben · 50 g Pflanzenfett* |
| *1 große Zwiebel (gehackt) · 1 TL getrocknete Pfefferminze* |
| *½ TL Knoblauchpulver · 1 TL gemahlener Kreuzkümmel* |
| *1 EL Zitronensaft · ½ TL Pfeffer · Salz nach Geschmack* |
| *½ Tasse Kokosflocken (ungesüßt)* |

Die Krabben waschen, schälen und ausnehmen, dann gut abtrocknen und in einen Topf mit sehr wenig heißem Fett geben. Bei großer Hitze 5 Minuten braten, dann die Hitze drosseln, die Zwiebeln dazugeben und den Topf schließen. In einem anderen Topf den Rest des Fetts erhitzen, die Pfefferminze darin rösten, anschließend die mit Knoblauch, Kreuzkümmel, Zitronensaft, Pfeffer und Salz vermischten Kokosflocken hineingeben und zuletzt noch das Krabbenfleisch und ein wenig heißes Wasser hinzufügen. Alles zusammen im offenen Topf noch 5 Minuten köcheln lassen.

# *Krabben-Molee*

Für 2–3 Personen:

*20 große Krabben oder Garnelen · 50 g Butterfett*

*1 große Zwiebel (gehackt) · 1/4 TL Knoblauchpulver*

*1/2 TL Kurkuma · 1/2 TL gemahlener Ingwer · Salz*

*1 Tasse dicke Kokosmilch (s. Seite 20)*

Die gewaschenen, geschälten und ausgenommenen Krabben 4 Minuten in Wasser kochen. Inzwischen das Butterfett in einem Topf erhitzen, die Zwiebeln leicht bräunen, dann Knoblauch, Kurkuma, Ingwer und Salz dazugeben und 3 Minuten auf kleiner Flamme rösten. Allmählich die Kokosmilch angießen, 10 Minuten kochen, anschließend noch das Krabbenfleisch in den Topf legen und zugedeckt 5 Minuten garen. Zu diesem Gericht lassen sich sehr gut tiefgefrorene, nach Vorschrift gekochte Krabben verwenden.

# Currygerichte mit Gemüse

Es ist kaum denkbar, daß irgendein Land mehr Gemüsearten und noch vielseitigere Zubereitungsarten kennt als Indien. Diese Vielfalt kommt nicht von ungefähr, denn sehr viele Hindus leben streng vegetarisch und können nur durch unterschiedliche Zubereitung immer gleicher Grundnahrungsmittel Abwechslung in ihren Speisezettel bringen; sie können nicht einfach heute Fisch, morgen Fleisch und übermorgen Geflügel servieren.

Es ist allgemein anerkannt, daß Moslems die besten Fleischköche sind. Die Rezepte für die herrlichsten Gemüsegerichte dagegen findet man bei den Hindus in Südindien. Ich habe auf den folgenden Seiten versucht, die besten für Sie auszuwählen, unter besonderer Berücksichtigung der auch in Europa erhältlichen Gemüsearten.

## *Gemüsepüree*

*500 g Spinat · 500 g beliebiges Gemüse*

*1 große, weiße Rübe · 1 Tasse Wasser · 2 TL Salz*

*2 mittelgroße Zwiebeln (kleingehackt) · 2 EL Butterfett*

Den Spinat, das andere Gemüse und die Rübe waschen und kleinhacken. In einem Topf 1 Tasse Wasser erhitzen, das Salz und die Gemüsemischung dazugeben und im offenen Topf bei mittlerer Hitze ½ Stunde garen. Sobald alle Flüssigkeit verkocht ist, den Topf vom Feuer nehmen und das Gemüse pürieren. Dann die gehackten Zwiebeln im heißen Butterfett dunkelbraun braten, die Gemüsemischung dazugeben und alles gut verrühren. Dieses Gemüsepüree kann mit Reis oder anderen Currygerichten serviert werden.

## *Gemüse-Curry mit Spinat*

(Foto Seite 87)

*1 Tasse Wasser · 1 TL Kurkuma · 2 TL Salz*

*750 g Spinat · 50 g Butterfett*

*2 mittelgroße Zwiebeln (in Scheiben)*

*1 EL beliebiges Currypulver*

In einem tiefen Topf Kurkuma und Salz im Wasser kurz ankochen, dann den Spinat dazugeben und auf kleiner Flamme garen. Inzwischen die Zwiebeln in Butterfett goldbraun braten, das Currypulver dazugeben und 5 Minuten rösten. Anschließend das Gemüse hinzufügen und alles im offenen Topf 10–15 Minuten kochen, bis alle Flüssigkeit verdampft ist.

## *Gartenbohnen-Curry*

*500 g frische Gartenbohnen · 2 Kartoffeln*
*50 g Butterfett · 1 große Zwiebel · ¼ TL gemahlener Ingwer*
*1 TL Kurkuma · Salz nach Geschmack*
*2 Tomaten (in Keile geschnitten) · 1 EL Zitronensaft*
*2 TL Currypulver*

Die Bohnen putzen und in 2–3 cm große Stücke schneiden, Kartoffeln schälen und vierteln. Das Butterfett in einer Bratpfanne erhitzen, Zwiebeln und Ingwer darin goldbraun rösten, Kurkuma und Salz 2–3 Minuten mitbraten, dann die Tomaten dazugeben und alles gut verrührt so lange kochen, bis alle Flüssigkeit verdampft ist. Anschließend die Bohnen und Kartoffeln in die Pfanne geben, den Deckel auflegen und garen, bis alles zart ist. 5 Minuten vor Ende der Kochzeit den Zitronensaft und das Currypulver an das Essen geben. Dieses Gemüse-Curry ist ziemlich trocken.

## *Weißkohl-Curry*

Für 6 Personen:

*1 kleine Zwiebel (in dünnen Scheiben)*
*1 Stück Ingwerwurzel (2½ cm dick, ebenfalls in dünnen Scheiben)*
*50 g Butterfett · 1 TL Kurkuma · 2 TL Salz*
*½ TL schwarzer Pfeffer · 1000 g Weißkohl · 1 TL Zitronensaft*
*1 EL Pflanzenöl · 2 TL Currypulver*

In einer tiefen Pfanne die Zwiebel- und Ingwerscheiben im Butterfett goldbraun rösten, dann Kurkuma, Salz, Pfeffer und den grob geschnitzelten Kohl dazugeben und bei mittlerer Hitze so lange im offenen Topf kochen (ungefähr 15 Minuten), bis der Kohl etwas zusammengefallen ist, so daß der Deckel geschlossen werden kann. Vorher noch den Zitronensaft zugeben und dann den Kohl 1 Stunde garen, bis alle Flüssigkeit verdampft ist. Anschließend den Deckel abnehmen, das Öl angießen und den Kohl braten, bis er ganz trocken ist. Das Currypulver darüberstreuen und noch 5 Minuten mitkochen. Dann das Gericht mit Salz abschmekken und servieren.

*Anmerkung:* Dieses Rezept gilt auch für *Rosenkohl,* nur sollten die Röschen dann ganz bleiben; also nur 15 Minuten kochen, bevor Öl und Curry zugefügt werden.

## *Artischocken-Curry*

| Für 6 Personen: |
|---|
| *1000 g Artischocken · 80 g Pflanzenfett* |
| *1 große Zwiebel (in Scheiben) · 6 Kardamomkapseln (geschält)* |
| *6 Gewürznelken · 1 EL gemahlener Koriander* |
| *1 TL Knoblauchpulver · 1 TL gemahlener Ingwer* |
| *1 TL Kurkuma · 1 EL gemahlener Kreuzkümmel* |
| *Salz nach Geschmack · ¼ l Joghurt* |
| *1 EL Tomatenmark · 2 Tassen Wasser* |

Die Artischocken waschen, trockene Blätter entfernen und je nach Größe entweder ganz lassen oder in Hälften oder Viertel schneiden. Das Fett in einer Pfanne erhitzen, die Zwiebeln darin leicht braun braten, dann bei geringer Hitze den Kardamom und die Nelken 3 Minuten rösten, zu diesen Gewürzen anschließend alle anderen Zutaten (außer Artischocken) geben und 15 Minuten kochen. Dann die Artischocken in die Pfanne legen und garen. Da dieses Gericht ein trockenes Curry ist, müssen Sie gut darauf achten, daß nichts anbrennt, und ab und zu einen Löffel voll Wasser dazugeben.

## *Rüben-Curry*

Für 4–6 Personen:

*1000 g weiße Rüben · 80 g Butterfett*

*1 mittelgroße Zwiebel (in Scheiben) · 1 TL Majoran*

*1 TL Thymian · ½ TL gemahlener Ingwer · 1 TL Kurkuma*

*2 TL Salz · 2 EL Joghurt · 2 TL Currypulver*

Die Rüben schälen und in 2–3 cm große Stücke schneiden. Das Butterfett in einer Bratpfanne erhitzen, die Zwiebeln zusammen mit Majoran, Thymian und Ingwer rösten, anschließend Kurkuma und Salz dazugeben und 3–4 Minuten mitbraten, dann den Joghurt unterrühren und etwas eindicken lassen und zuletzt die Rüben zufügen, in der offenen Pfanne 10 Minuten schmoren, den Deckel auflegen und die Rüben auf kleiner Flamme 40 Minuten garen. Falls das Curry ansetzt, etwas Wasser zugeben. Aber normalerweise enthalten Rüben sehr viel Wasser, so daß eventuell die Kochtemperatur erhöht werden muß, um das Curry richtig zu trocknen. Sobald die Rüben gar sind, werden sie mit einer Gabel zerkleinert (aber bitte nicht zerquetscht!) und mit Currypulver bestreut. Dieses Curry schmeckt köstlich, wenn es trocken genug ist, und kann zu einem anderen Gemüse- oder Fleischcurry gegessen werden.

## *Auberginen-Bhurta*

(Foto Seite 51)

Für 6 Personen:

*2 mittelgroße Zwiebeln (in Scheiben) · 80 g Pflanzenfett*

*½ l Joghurt · 1 große Aubergine (in Scheiben)*

*1 EL Tomatenmark · ½ TL gemahlener Ingwer*

*1 EL gemahlener Koriander · 5 Knoblauchzehen (zerkleinert)*

*½ TL Nelkenpulver · ½ TL gemahlener Kreuzkümmel*

*Salz nach Geschmack*

Die Zwiebelscheiben im Fett goldbraun rösten, dann den Joghurt zusammen mit allen anderen Zutaten dazugeben und 10 Minuten kochen. Falls Sauce gewünscht wird, jetzt 1 Tasse Wasser oder auch weniger hineingießen und alles noch 5 Minuten weiterkochen.

## *Auberginen-Mischgemüse*

(Foto Seite 87)

*4 Auberginen (gewürfelt) · 2 Zwiebeln (gehackt)*

*1 grüne Paprika (gewürfelt) · 1 EL Ingwer (gehackt)*

*½ TL Kreuzkümmelpulver · ½ TL Koriander (gemahlen)*

*¼ TL Curry · 2 Knoblauchzehen (gehackt) · ¼ TL Pfeffer*

*4 EL Butterfett · 1 TL Salz · 2 Tomaten (gehackt)*

Das Butterfett in einer Pfanne erhitzen, Auberginen, Zwiebeln, Paprika, Ingwer, Kreuzkümmel, Koriander, Curry, Knoblauch und Pfeffer darin anbraten. Salz und Tomaten zufügen und zusammen bei schwacher Hitze garen, bis die Auberginen weich sind.

# *Pikante Auberginen*

(Foto Seite 51)

Für die Würzbrühe:

*1½ EL Butterfett · 1 Zwiebel (gehackt)*

*4 Knoblauchzehen (gehackt) · 2 EL Koriander*

*1 TL Fenchel · 1 EL frischer Ingwer (gehackt) · 1 l Wasser*

*2 Auberginen · 2 EL Koriander · 1½ TL Salz*

*½ TL schwarzer Pfeffer · ¼ TL Chilipulver*

*2 TL Ingwer (feingehackt) · 3 EL Zitronensaft · 3 EL Butterfett*

*1 Zwiebel (in Streifen) · 1 EL Senfsaat*

Für die Würzbrühe Butterfett in einem Topf erhitzen, Zwiebeln und Knoblauch darin weichdünsten. Koriander, Fenchel und Ingwer zufügen und auf mittlerer Flamme 2 Minuten rösten. Mit dem Wasser aufgießen und die Brühe 30 Minuten köcheln lassen, dann durchseihen.

Die Auberginen schälen und in etwa 2 cm breite, gut 1 cm dicke Längsstreifen schneiden, die Stücke zerteilen und in der Brühe 15 Minuten lang kochen. Anschließend gut abtropfen lassen. Koriander, Salz, Pfeffer, Chilipulver, Ingwer und Zitronensaft zu einer glatten Paste verarbeiten. Das Butterfett in einer Pfanne erhitzen. Darin die gehackte Zwiebel, Senfsaat und die Auberginenscheiben 5 Minuten anbraten, dann auf mittlerer Flamme 10–15 Minuten unter ständigem Rühren mit der Gewürzpaste überziehen, bis keine Flüssigkeit mehr in der Pfanne ist.

## *Auberginen-Curry*

(Foto Seite 87)

*2 Auberginen · 4 EL Öl · 1 Zwiebel*

*3 Knoblauchzehen · 250 g Tomaten*

*½ TL feingewiegte Petersilie*

*je 1 kleines Stück Lorbeerblatt und Zimt*

*Salz · Pfeffer*

Auberginen schälen und würfeln. In eine Kasserolle legen. Zwiebelringe in Öl goldgelb rösten. Feingewiegten Knoblauch, gehackte Petersilie, Pfeffer, Salz, Zimt und das Lorbeerblatt hinzufügen. Weichkochen. Die Zwiebelringe mit einem Löffel herausnehmen (ohne Sauce) und auf die Auberginenstücke legen. Die Tomaten weichdünsten, durch ein Sieb in die ölige Sauce passieren, mischen und über die Auberginen gießen. Das Gemüse im geschlossenen Topf dünsten, bis es gar ist. Zimtstange und Lorbeerblatt entfernen.

## *Zucchini*

(Foto Seite 167)

*1 kg junge Zucchini · 3 EL Butterfett (oder Erdnußöl)*

*1 TL Salz · 1 TL Kurkuma · 1 Zwiebel (in Scheiben)*

*3 EL Kokosflocken*

Die Zucchini waschen und in etwa 1 cm dicke Scheiben schneiden. In einer Pfanne Butterfett oder Erdnußöl erhitzen, Salz, Kurkuma und Zwiebeln dazugeben. Die Gewürze 1 Minute lang rösten, dann die Zucchini dazuschütten. Eine weitere Minute rühren, zudecken und leicht kochen lassen, ohne Wasser zuzugießen. Die

v. l. n. r.: *Hähnchen-Curry, Hähnchen-Curry aus Bengalen*
(Rezepte Seite 102 und 106)

Zucchini sind nach 10–15 Minuten gar. Vor dem Servieren mit gerösteten Kokosflocken bestreuen.

## *Gurken-Curry*

(Foto Seite 167)

*2 EL Sonnenblumenöl · 1 große Zwiebel (in Scheiben)*
*1 TL Koriander · 1 TL Salz · 800 g Gurken (in Würfeln)*
*2–4 EL Wasser*

Öl in einem Topf oder einer tiefen Pfanne erhitzen. Zwiebeln, Koriander und Salz zufügen. Bei schwacher Hitze 3–4 Minuten köcheln. Gurken einrühren und weitere 5 Minuten schwach garen. Zum Schluß Wasser zugeben und bei mittlerer Hitze 10 Minuten kochen.

## *Blumenkohl-Curry*

Für 4–6 Personen:

*1000 g Blumenkohl · 4 Kartoffeln*
*100 g Butterfett · 1 mittelgroße Zwiebel (gewürfelt)*
*1 Stück Ingwerwurzel (2½ cm dick) · 2 TL Kurkuma*
*2 TL Salz · 2 TL Currypulver*

Den Blumenkohl in Röschen teilen, die Kartoffeln schälen und würfeln. Im heißen Butterfett die Zwiebeln und den kleingeschnittenen Ingwer bräunen, dann Kurkuma dazugeben und 1 Minute rösten, anschließend die Blumenkohl- und Kartoffelstücke ebenfalls in den Topf geben und 10 Minuten ankochen, dann salzen und alles auf kleiner Flamme unter häufigem Rühren etwa ½ Stunde garen. Beim Rühren sorgfältig darauf achten, daß die Blumenkohlröschen nicht zerfallen. Danach das Currypulver darüberstreuen und noch 5 Minuten im offenen Topf weiterkochen lassen, bis die Flüssigkeit verdampft ist.

## *Mischgemüse-Curry*

(Foto Seite 69)

Für 8 Personen:

*2,5 kg gemischtes Gemüse nach Belieben*

*2 große Zwiebeln · 100 g Pflanzenfett · ¼ l Joghurt*

*1 TL Knoblauchpulver · 1 TL Tomatenmark*

*1 TL gemahlener Ingwer · 1 EL gemahlener Koriander*

*1 EL gemahlener Kreuzkümmel*

*Salz nach Geschmack*

Das Gemüse waschen, schälen und zerkleinern. Anschließend in eine Schüssel geben, mit kochendem Wasser, in dem 1 TL Salz gelöst wurde, übergießen und 10 Minuten stehenlassen. Inzwischen die Zwiebeln in einem Topf mit heißem Fett bräunen, dann alle anderen Zutaten hineingeben und auf sehr kleiner Flamme 30 Minuten kochen.

*Anmerkung:* Sie können alle Gemüsesorten auf diese Weise zubereiten. Ausgenommen sind nur Blattgemüse wie z.B. Rosen- oder Weißkohl.

## *Alu and Tamatar*

Kartoffel-Tomaten-Curry

(Foto Seite 33)

Für 4–6 Personen:

*50 g Butterfett · 2 mittelgroße Zwiebeln (in Scheiben)*

*5 Scheiben Ingwerwurzel · 1 TL Kurkuma*

*2 TL beliebiges Currypulver · 2½ TL Salz*

*2 EL Petersilie (gehackt) · 750 g Kartoffeln · 5 Tomaten*

*1 Tasse heißes Wasser · 3 EL Kokosraspeln*

Das Butterfett in einem Topf erhitzen, die Zwiebel- und Ingwerscheiben darin goldbraun rösten, dann Kurkuma, Currypulver, Salz und Petersilie dazugeben und 5 Minuten auf kleiner Flamme braten. Falls die Kartoffeln zu groß sind, diese halbieren und die Tomaten in Scheiben schneiden und anschließend beides in der Gewürzmischung 10 Minuten ankochen, mit heißem Wasser aufgießen und weiterkochen, bis die Kartoffeln gar sind. Die Kokosraspeln trocken rösten und das Gericht vor dem Servieren damit bestreuen.

## *Pilz-Curry*

Für 4–6 Personen:

*500 g frische Pilze · 6 kleine Kartoffeln · 80 g Butterfett*
*2 Zwiebeln (in Scheiben) · 1 Stück Ingwerwurzel (2½ cm dick)*
*1 TL Thymian · 1 TL Majoran · 1 TL Petersilie*
*1 TL Basilikum · 1 TL Dill · 2 Lorbeerblätter*
*1 TL Kurkuma · 3 TL Salz · 3 Tomaten (in Scheiben)*
*2 TL Currypulver · 1 EL Zitronensaft*

Die Pilze waschen, danach halbieren, falls sie zu groß sind, und anschließend die Kartoffeln schälen. Dann das Butterfett in einer großen Pfanne erhitzen, Zwiebeln, Ingwer, Thymian, Majoran Petersilie, Basilikum, Dill und Lorbeerblätter dazugeben und 5 Minuten rösten, anschließend Kurkuma und Salz hinzufügen und zuletzt die Pilze, Kartoffeln und Tomaten in die Pfanne geben. Alles gut vermischen und in der offenen Pfanne bei mittlerer Hitze 30 Minuten garen. Dann mit Currypulver bestreuen, Zitronensaft darübergießen und noch einmal 10 Minuten sanft kochen.

## *Bananen-Curry, mild*

Für 6 Personen:

*750 g leicht grüne Bananen · 80 g Butterfett*
*½ TL Kümmel · ½ TL Kurkuma · 1 TL Salz*
*½ TL Currypulver · 2 EL Joghurt*

Die Bananen schälen, einmal der Länge nach durchschneiden und noch einmal quer teilen. Das Butterfett erhitzen, Kümmel und

Kurkuma darin ungefähr 2–3 Minuten rösten, dann die Bananenstücke und Salz dazugeben, alles gut mischen und 10 Minuten langsam kochen, dabei nur mit einem Löffel umrühren, um die Bananen nicht zu zerquetschen. Zuletzt das Currypulver und den Joghurt in den Topf geben und alles so lange vorsichtig weiterkochen (ungefähr 10 Minuten), bis die Flüssigkeit verdampft ist und die Bananen zart sind. Dieses Curry sollte mit einem Fleisch- oder Gemüsegericht serviert werden.

## *Bananen-Curry*

Dieses Bananen-Curry schmeckt am besten, wenn Sie grüne Kochbananen verwenden, die allerdings nur sehr schwer zu bekommen sind.

Für 4–6 Personen:

*750 g möglichst grüne Bananen · 8 EL Pflanzenöl*

*½ TL Kurkuma · ½ TL Kümmel · 1 TL Salz*

*½ TL zerkleinerte rote Pfefferschoten*

*1 TL Currypulver · ¼ l Joghurt*

Die Bananen schälen und in 2–3 cm dicke Stücke schneiden. Dann das Öl in einem schweren Topf oder in einer beschichteten Pfanne erhitzen, Kurkuma und Kümmel darin 3 Minuten rösten, anschließend die Bananenstücke, Salz und Pfefferschoten, vorsichtig umrühren und auf kleiner Flamme 10 Minuten kochen. Dann das Currypulver und den Joghurt darübergeben und weitere 10 Minuten kochen, bis das Curry relativ trocken ist. Unbedingt darauf achten, daß die Bananenstücke nicht zerquetscht werden und daß das Bananencurry nicht anbrennt.

# Kebabs

Wenn man »Kebab« hört, denkt man sofort an den Nahen oder Mittleren Osten und ist erstaunt zu hören, daß dieses Gericht auch in Indien sehr beliebt ist, vor allem natürlich unter den Moslems. Aufrichtigerweise muß ich zugeben, daß dieses Gericht nicht in Indien entstanden ist, sondern wahrscheinlich aus dem Nahen Osten zu uns kam. Die indische Art der Zubereitung unterscheidet sich aber wesentlich von der arabischen. Nur die Verwendung der Spieße ist überall gleich.

## *Shami Kebab*

Fleischküchlein

Die einzige Ähnlichkeit zwischen indischen und europäischen oder amerikanischen Frikadellen ist, daß in allen Fällen Hackfleisch die Grundlage bildet. Die indische Zubereitungsart ist entschieden zeitraubender, aber das Resultat kann sich sehen lassen.

| Für 4–6 Personen: |
| --- |
| *2 EL halbe Erbsen · 2 kleine Zwiebeln (gehackt)* |
| *6 Knoblauchzehen (gehackt) · 1 TL Majoran · 1 TL Thymian* |
| *1 EL frische Petersilie · 2 EL Butter- oder Pflanzenfett* |
| *1 TL Kurkuma · Salz nach Geschmack* |
| *500 g Rinderhackfleisch · 1 Tasse warmes Wasser* |
| *2 TL Currypulver · 2 EL Zitronensaft · 3 EL Erbsenmehl* |
| *3 EL Joghurt · Pflanzenöl zum Braten* |

Zuerst die Erbsen ½ Stunde in kaltem Wasser einweichen. Die Zwiebeln zusammen mit Knoblauch, Majoran, Thymian und Petersilie im Fett bräunen, dann Kurkuma und Salz dazugeben und 2–3 Minuten kochen. Anschließend das Fleisch und die abgetropften Erbsen in den Topf geben, 6–7 Minuten schmoren und dann mit warmem Wasser aufgießen. Alles zum Kochen bringen und auf kleiner Flamme 40 Minuten garen. Dann das Currypulver darüberstreuen, den Zitronensaft zufügen, alles gründlich vermischen, abkühlen lassen, dann noch einmal gut kneten und Frikadellen formen. Aus Erbsenmehl, Joghurt und etwas Salz einen glatten Teig herstellen, die Frikadellen darin wälzen und in einer Pfanne in heißem Öl ausbacken. Diese Fleischküchlein schmecken köstlich zusammen mit Reis oder Puries, Sie können sie aber auch als Vorspeise oder kleine Zwischenmahlzeit servieren.

## *Parcha Seekh Kebab*

Lammbrust am Spieß

| |
|---|
| *8 Knoblauchzehen (kleingehackt)* |
| *1 TL schwarzer Pfeffer · 1 TL gemahlener Kardamom* |
| *250 g Zwiebeln (kleingehackt)* |
| *10 Scheiben Ingwerwurzel (fein gehackt)* |
| *2 kleine grüne Pfefferschoten (kleingehackt)* |
| *1 TL Nelkenpulver · 1 EL gemahlener Kreuzkümmel · Salz* |
| *1500 g Lammbrust · 2 EL geschmolzene Butter* |

Aus allen Zutaten (außer Lamm und Butter) mit etwas Wasser eine dicke Paste herstellen. Das Wichtigste dabei ist, daß alle Zutaten sehr fein püriert werden. Sie können die Paste natürlich auch in einem Mixer herstellen. Dann das Fleischstück mit der Rippenseite nach unten auf den Tisch legen, vorsichtig eine Tasche schneiden und die Paste dick hineinstreichen. Entweder mit einem Faden zusammennähen oder mit kleinen Spießchen zustecken. Im Backofen oder in einem Grill braten und etwa alle 15 Minuten mit der geschmolzenen Butter begießen. Nach 1 Stunde müßte das Fleisch zart sein. Mit einer Gabel testen.

## *Reshmi Kebab*

Hähnchenspieß

(Foto Seite 69)

*2 EL Mehl oder Erbsenmehl*

*1 EL Currypulver · 2 TL Salz · 2 Zwiebeln*

*2 EL Zitronensaft · 1 Stück Ingwerwurzel (2½ cm dick)*

*3 EL frische Petersilie (gehackt)*

*500 g Hähnchenfleisch (in Stücken) · 3 EL Joghurt*

Alle Zutaten (außer Joghurt) miteinander vermischen, über das Fleisch geben und mindestens 1 Stunde einziehen lassen. Dann das Fleisch aufspießen, mit Joghurt begießen und entweder über einem Holzkohlenfeuer oder im Backofen braten.

## *Gola Kebab*

Fleischbällchen am Spieß

*500 g Lammhackfleisch · ¼ Tasse Erbsenmehl*

*1 TL gemahlener Ingwer · 1 EL gemahlener Koriander*

*½ TL Nelkenpulver · 1 TL gemahlener Kardamom*

*1 EL Zwiebelpulver · 1 TL Knoblauchpulver*

*¼ TL Cayenne-Pfeffer · 1 TL gemahlener Kreuzkümmel*

*½ TL schwarzer Pfeffer · Salz nach Geschmack*

Alle Zutaten in eine Schüssel geben und gut durchkneten. Aus diesem Fleischteig kleine Kugeln formen und im heißen Backofen oder über dem Holzkohlenfeuer grillen. Anschließend auf Spießen servieren.

## *Fisch-Küchlein*

*500 g Kabeljau · 1 TL heller Essig · 2 EL Pflanzenöl*
*4 TL Senfpulver · 1 große Zwiebel (in Scheiben)*
*4 Knoblauchzehen · 5 Scheiben Ingwerwurzel*
*½ TL Pfefferminze · ½ TL weißer Pfeffer · ¼ TL Nelkenpulver*
*¼ TL Cayenne-Pfeffer · ½ TL gemahlener Kreuzkümmel*
*1 Ei · Salz nach Geschmack*

Die Fischfilets in einen Topf legen, mit Wasser bedecken, Essig dazugeben und 5 Minuten kochen. In einer Pfanne das Öl vermischt mit Senfpulver erhitzen, die Zwiebeln in dieser Mischung goldbraun braten und dann aus der Pfanne nehmen. Anschließend Knoblauch, Ingwer, Pfefferminze und die gebratenen Zwiebeln entweder sorgfältig zerkleinern oder kurz im Mixer pürieren, diese Mischung zusammen mit dem Fisch und allen anderen Zutaten zu einem Teig kneten, kleine Ovale (ungefähr 1 cm dick) daraus formen und anschließend in der Zwiebelpfanne schön braun braten.

## *Gefüllte Fischrouladen*

*500 g Seezungenfilets · 6 EL Semmelbrösel*
*½ Tasse Milch · 1 EL Zitronensaft · 2 TL Salz*
*1 TL beliebiges Currypulver · 2 mittelgroße Zwiebeln (gehackt)*
*2 EL gehackte Petersilie · ½ TL zerkleinerte rote Pfefferschoten*
*2 Eier · Pflanzenöl zum Braten*

Die Filets ausbreiten und salzen. 4 EL Semmelbrösel mit Milch, Zitronensaft, etwas Salz, Currypulver, Zwiebeln, Petersilie und roten Pfefferschoten vermischen, die Eier verquirlen und etwa die Hälfte davon zu der Mischung geben. Auf jedes Filet etwa 2 EL von der Füllung geben, die Filets halb zusammenklappen, im verquirlten Ei wälzen und dabei die offenen Seiten verkleben. Dann die Filets in den restlichen Semmelbröseln wälzen und in einer Pfanne in heißem Öl auf beiden Seiten braun braten.

## Brathähnchen am Spieß

*1500 g Brathähnchen · 1 TL gemahlener Ingwer*

*¼ TL Nelkenpulver · 1 TL gemahlener Kreuzkümmel*

*2 EL Zwiebelpulver · 1 TL Knoblauchpulver*

*½ TL schwarzer Pfeffer · ½ TL gemahlener Kardamom*

*Salz nach Geschmack · 50 g Butter*

Das Hähnchen waschen und wenn nötig zusammenbinden. Aus allen Zutaten eine dicke Paste herstellen (dabei etwas Butter übriglassen), das Hähnchen von innen und außen gut mit dieser Paste einreiben, auf einen Spieß stecken und entweder im Grill oder über einem Holzkohlenfeuer braten. Ab und zu mit der restlichen Butter einreiben. Nach etwa 1 Stunde ist das Hähnchen gar.

# Verschiedene Fleischgerichte

## *Indisches Steak Nr. 1*

Für 2–3 Personen:

*1 EL Essig · ½ TL gemahlener Kreuzkümmel*
*½ TL Kurkuma · 1 EL gemahlener Koriander*
*½ TL gemahlene Senfkörner · ½ TL schwarzer Pfeffer*
*2 EL Worcester-Sauce · Salz · 500 g Steak*
*4 EL Pflanzenöl*

Aus allen Zutaten (außer Fleisch und Öl) eine Marinade herstellen, gut in das Fleisch einreiben und 30 Minuten ziehen lassen. In einer schweren Pfanne das Öl erhitzen und das Steak braten, bis es gar ist. In Indien ißt man kein halbrohes Fleisch, und auch wegen der Gewürze würde ich Ihnen raten, das Fleisch gut durchzubraten. Vielleicht muß nach einigen Minuten noch etwas Wasser in die Pfanne gegeben werden.

## *Indisches Steak Nr. 2*

Für 2–3 Personen:

*4 EL heller Essig · 1 TL Kurkuma*

*½ TL Senfpulver · ½ TL gemahlener Kreuzkümmel*

*½ TL zerkleinerte rote Pfefferschoten*

*Salz nach Geschmack · 500 g Steak · 4 EL Pflanzenöl*

Alle Zutaten (außer Fleisch und Öl) zu einer Marinade vermischen und das Fleisch sorgfältig damit einreiben. Das Öl in einer schweren Pfanne heiß werden lassen, das Fleisch darin von beiden Seiten braten und unter Umständen mit etwas Wasser aufgießen.

## *Kaninchen-Curry*

*1 Kaninchen (2000 g) · ½ l Joghurt · Salz nach Geschmack*

*50 g Butterfett · 2 mittelgroße Zwiebeln (gehackt)*

*¼ Tasse heller Essig · 6 Knoblauchzehen*

*1 Stück Ingwerwurzel (2½ cm dick) · 2 EL Worcester-Sauce*

*1 grüne Pfefferschote*

Das Kaninchen in kleine Stücke schneiden und diese in einer Marinade aus Joghurt und Salz mindestens 1 Stunde stehenlassen. Das Butterfett in einem Topf erhitzen und die Zwiebeln darin goldbraun braten. Dann den Essig mit genausoviel Wasser vermischen, Knoblauch, Ingwer, Worcester-Sauce und Pfefferschote dazugeben und alles in einem Mixer pürieren. Diese Mischung und das Fleisch samt Marinade zu den Zwiebeln in die Pfanne geben und so lange kochen, bis das Fleisch zart ist. Vielleicht muß während der Kochzeit noch 1 Tasse heißes Wasser angegossen werden.

# *Schweinefleisch-Curry aus Südindien*

*1 EL gemahlener Koriander · ½ TL Cayenne-Pfeffer*
*1 TL gemahlener Kreuzkümmel · heller Essig*
*4 EL Pflanzenöl · 1 große Zwiebel (gehackt)*
*4 Knoblauchzehen (gehackt) · 8 Scheiben Ingwerwurzel*
*4 grüne Pfefferschoten (gehackt) · 5 Kardamomkapseln (geschält)*
*4 Gewürznelken · 1 Zimtstange (5 cm lang)*
*500 g Schweinefleisch (in Würfeln) · 2 EL Zitronensaft*
*Salz nach Geschmack*

Koriander, Cayenne-Pfeffer und Kreuzkümmel mit so viel Essig vermischen, daß eine dicke Paste entsteht, und diese beiseite stellen. Das Öl erhitzen, die Zwiebeln zusammen mit Knoblauch, Ingwer und grünen Pfefferschoten darin rösten, alle übrigen Gewürze und die Essigpaste dazugeben. Alles gut umrühren und auf kleiner Flamme 10 Minuten kochen, anschließend das Fleisch und den Zitronensaft hineingeben, gar kochen und zum Schluß mit Salz abschmecken.

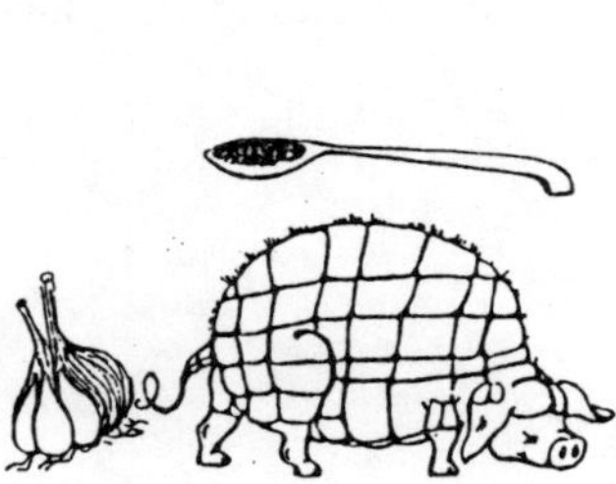

## *Indischer Schmorbraten*

(Foto Seite 149)

Für 6 Personen:

*1 EL Kurkuma · 2 TL gemahlener Ingwer*

*6 EL Mohnsamen · 3 EL Zucker · 2 TL Salz*

*2 EL Zitronensaft · 1½ TL gemahlener Kreuzkümmel*

*1 EL Knoblauchpulver (oder weniger) · 2 TL Senfpulver*

*1 Tasse heller Essig · 2000 g Schmorfleisch*

*2 große Zwiebeln (kleingehackt) · 6 Gewürznelken*

*6 Lorbeerblätter · 1 grüne Pfefferschote, geschnitten*

*½ Tasse Pflanzenöl · 1 EL Tomatenmark*

Kurkuma, Ingwer, Mohnsamen, Zucker, Salz, Zitronensaft, Kreuzkümmel, Knoblauch, Senfpulver und Essig zusammen in einem Mixer 3–4 Minuten bei großer Geschwindigkeit pürieren. Das Fleisch mit dieser Paste sorgfältig auf allen Seiten einreiben und mindestens 2 Stunden ziehen lassen. In einem schweren Bratentopf zunächst die Zwiebeln, Nelken, Lorbeerblätter und Pfefferschote in heißem Öl bräunen, dann das Fleisch hineingeben und bei kleiner Hitze 30 Minuten braten. Anschließend das Tomatenmark dazugeben, die Hitze allmählich steigern und das Fleisch gar schmoren.

## *Schweinefleisch-Topf aus Goa*

Für 4–6 Personen:

*1 EL Pflanzenfett · 1 große Zwiebel (gehackt)*
*5 Knoblauchzehen (gehackt) · 2 Gewürznelken*
*1 Zimtstange (5 cm lang) · ½ TL gemahlener Kardamom*
*1 TL Kurkuma · ½ TL gemahlener Kreuzkümmel*
*½ TL gemahlener Ingwer · ½ TL schwarzer Pfeffer*
*2 EL heller Essig · 1000 g Schweinefleisch (in Würfeln)*
*3 EL Tomatenmark · Salz nach Geschmack*

Das Fett erhitzen, Zwiebeln, Knoblauch, Nelken, Zimt und Kardamom darin 3 Minuten braten, dann Kurkuma, Kreuzkümmel, Ingwer, schwarzer Pfeffer und Essig dazugeben und auf kleiner Flamme 5 Minuten schmoren. Zuletzt das Fleisch und das Tomatenmark in den Topf geben, salzen, alles gut umrühren und im geschlossenen Topf so lange schmoren, bis das Fleisch zart ist.

## *Scharfes Schweinefleisch-Curry*

*500 g Schweinefleisch (in Würfeln) · ¼ l Joghurt*
*Salz nach Geschmack · ½ Tasse heller Essig · ½ TL Kurkuma*
*1 TL gemahlener Ingwer · 1 TL gemahlener Koriander*
*50 g Butterfett · 1 große Zwiebel (gehackt)*
*1 grüne Pfefferschote (kleingehackt) · 2 EL Tomatenmark*

Das Schweinefleisch mit Joghurt und Salz vermischen und mindestens 1 Stunde ziehenlassen. Inzwischen den Essig mit Kurkuma,

Ingwer, Koriander und Salz verrühren. Dann das Butterfett in einem tiefen Topf erhitzen, die Zwiebel darin goldbraun braten, den grünen Pfeffer und das Tomatenmark dazugeben, schließlich noch die Essig-Gewürzmischung hineinrühren und alles 5 Minuten kochen. Anschließend das Fleisch samt der Marinade in den Topf geben, alles gut umrühren und zugedeckt bei mittlerer Hitze 40 Minuten garen.

## *Schweinefleisch-Vindaloo*

*1 EL Worcester-Sauce · 2 Zwiebeln (gehackt)*

*2 TL Salz · 2 EL Currypulver*

*4 Knoblauchzehen (kleingehackt) · 1/4 Tasse Obst-Essig*

*1000 g Schweinelende (in Würfeln) · 50 g Butterfett*

*2 Lorbeerblätter*

Alle Zutaten (außer Butter und Lorbeerblättern) gut vermischen und langsam den Essig, mit der gleichen Menge Wasser verdünnt, hineinrühren. In dieser Marinade das Fleisch im Kühlschrank mindestens 24 Stunden ziehen lassen und einige Male umrühren. Anschließend das Butterfett in einer Bratpfanne schmelzen, das Fleisch und die Lorbeerblätter dazugeben und zugedeckt auf kleiner Flamme 2 Stunden sanft kochen. Dieses Curry ist sehr trokken, deshalb häufig umrühren und ab und zu etwas Wasser zugießen, damit nichts anbrennt. »Vindaloo« schmeckt am besten zu einfachem Reis. Kokosreis paßt auch sehr gut, weniger gut dagegen alle »Pulaos«.

v. l. n. r.: *Eier-Curry, Indischer Schmorbraten, Enten-Curry aus Südindien*
(Rezepte Seite 161, 146 und 158)

## *Gebratene Kalbsleber*

*Essig · 1 TL Kurkuma · ½ TL Cayenne-Pfeffer*
*½ TL gemahlener Ingwer · ½ TL Pfeffer · 500 g Kalbsleber*
*3 EL Pflanzenöl · 1 mittelgroße Zwiebel (gehackt)*
*2 Knoblauchzehen (gehackt) · 1 EL Zitronensaft*
*Salz nach Geschmack*

Aus Essig, Kurkuma, Cayenne-Pfeffer, Ingwer und schwarzem Pfeffer eine Paste herstellen und die Leber gut damit einreiben. Das Öl in einer Pfanne erhitzen, Zwiebeln und Knoblauch darin goldbraun rösten, dann die Leber dazugeben und braten. Bevor die Pfanne vom Feuer genommen wird, noch schnell den Zitronensaft darüberträufeln und das Fleisch salzen.

## *Leber-Curry*

*2 kleine Zwiebeln · 3 Knoblauchzehen*
*1 EL Majoran · ½ TL Salbei · 1 EL Thymian*
*2 EL Öl · 2 TL Kurkuma · 2 TL Salz · 500 g Kalbsleber*
*5 große Tomaten (in Scheiben) · 2 EL Zitronensaft*
*2 EL Currypulver*

Die Zwiebelringe zusammen mit Knoblauch, Majoran, Salbei und Thymian langsam in Öl braten, dann Kurkuma und Salz dazugeben und 3–4 Minuten weiterbraten. Anschließend die in mundgerechte Stücke geschnittene Leber hineingeben und unter ständigem Wenden 5 Minuten schmoren. Dann zuletzt die Tomatenscheiben hinzufügen und alles zugedeckt bei mäßiger Hitze

15 Minuten garen. Zum Schluß den Zitronensaft und das Currypulver hineinrühren und noch kurz mitkochen. Einfacher Reis oder »Pulao« schmecken herrlich dazu.

## *Nieren-Curry*

(Foto Seite 113)

Für 2–3 Personen:

*6 Lammnieren · 2 mittelgroße Zwiebeln (in Scheiben)*

*50 g Pflanzenfett · 1 EL Tomatenmark*

*1 EL gemahlener Koriander · 1 TL gemahlener Kreuzkümmel*

*8 Knoblauchzehen · 1 TL Kurkuma · Salz nach Geschmack*

Die Nieren häuten und halb durchschneiden, waschen. Dann die Zwiebeln im Fett goldbraun rösten, anschließend Tomatenmark, Koriander, Kreuzkümmel, Knoblauch, Kurkuma und Salz dazugeben, 1 Minute kochen, dann mit ½ Tasse Wasser aufgießen und noch 10–15 Minuten weiterkochen. Zuletzt die Nieren hineingeben und alles noch 3 Minuten weitergaren. Unter Umständen noch etwas Wasser dazugeben, falls sehr viel Flüssigkeit verkocht ist. Dieses Gericht kann auch mit Schweine-Nieren bereitet werden, die etwas länger (8 Minuten) mitgegart werden müssen.

## *Leber-Curry mit Ingwer*

(Foto Seite 113)

*2 große Zwiebeln (in Scheiben) · 50 g Fett*
*4 Knoblauchzehen · 2 cm Ingwerwurzel, gehackt*
*500 g Kalbsleber · 1 l Buttermilch*
*2 grüne Pfefferschoten, geschnitten · 1 EL Tomatenmark*
*1 EL gemahlener Koriander*
*1½ EL Kreuzkümmel · Salz*

Die Zwiebelringe im Fett goldbraun braten, dann Knoblauch und Ingwer 1 Minute darin schmoren, anschließend die in mundgerechte Stücke geschnittene Leber zusammen mit Buttermilch, Pfefferschoten, Tomatenmark, Koriander und Kreuzkümmel in die Pfanne geben und 5 Minuten bei starker Hitze kochen. Mit Salz abschmecken.

## *Gefüllte Auberginen*

(Foto Seite 167)

*2 große Auberginen · 50 g Butterfett*
*500 g Rinderhackfleisch · 1 Tasse gehackte Zwiebeln*
*1 rote Paprika (gehackt) · 1 Tomate · 2 EL Petersilie*
*2 Knoblauchzehen (gehackt) · 1 TL Currypulver*
*Salz und Pfeffer nach Geschmack*
*1 Rinderbouillonwürfel (aufgelöst in 1 Tasse Wasser)*

Die Auberginen der Länge nach halbieren, das Fruchtfleisch mit einem Löffel herauskratzen, bis die Schale nur noch 6 mm dick ist, und anschließend kleinhacken. Das Butterfett in einer Pfanne erhitzen, das Fruchtfleisch zusammen mit Fleisch, Zwiebeln, Paprika, Tomaten, Petersilie, Knoblauch und Currypulver dazugeben und 20 Minuten garen. Die Mischung etwas abkühlen lassen, nach Geschmack salzen und pfeffern, dann die Auberginenhälften damit füllen. Anschließend mit der Hälfte der Bouillon übergießen und im Backofen bei Mittelhitze 25 Minuten backen. Die Auflaufform kurz herausnehmen, die restliche Butter darübergießen und im heißen Ofen (200 °C) weitere 10 Minuten überbacken.

## *Nieren-Korma*

Für 2–3 Personen:

*6 Lammnieren · 1 große Zwiebel (gehackt)*

*50 g Pflanzenfett · 5 Knoblauchzehen (gehackt)*

*1 Stück Ingwerwurzel (5 cm dick, kleingehackt)*

*1 TL Kurkuma · 1½ TL Kreuzkümmel*

*5 Kardamomkapseln (geschält) · 1½ TL gemahlener Koriander*

*5 Nelken · 1 EL Tomatenmark · ¼ l Joghurt*

*Salz nach Geschmack*

Die Nieren häuten, vierteln und waschen. Die Zwiebeln im Fett goldbraun braten, dann Knoblauch, Koriander und Nelken 15 Minuten darin rösten. Anschließend Tomatenmark, Joghurt und 1 Tasse heißes Wasser dazugeben und 5 Minuten weiterkochen. In dieser Sauce die Nieren 15 Minuten sanft kochen lassen und zuletzt mit Salz abschmecken. Sie müssen darauf achten, daß genug Sauce im Topf ist, *bevor* die Nieren hineinkommen. Wenn Sie das Wasser später zugeben, werden die Nieren möglicherweise hart.

# *Gefüllte Fleischbällchen*

Für 4–6 Personen:

*500 g Hackfleisch · 1 Tasse Wasser*

*½ TL Knoblauchpulver · 1 mittelgroße Zwiebel (gehackt)*

*½ TL Kurkuma · Salz nach Geschmack*

*2 EL Erbsenmehl · ¼ l Joghurt · 6 Eier · 1 verquirltes Ei*

*Pflanzenöl zum Braten*

Für die Sauce:

*2 EL Butterfett · 1 große Zwiebel (gehackt)*

*2 EL Petersilie · 1 TL Kurkuma · ½ TL gemahlener Ingwer*

*1 TL beliebiges Currypulver · 2 große Tomaten (in Scheiben)*

*Salz nach Geschmack · ¼ l Joghurt*

*1 Tasse heißes Wasser*

Das Fleisch zusammen mit Wasser, Knoblauch, Zwiebeln, Kurkuma und Salz in einen Topf geben und auf kleiner Flamme 10 Minuten kochen, dann nach und nach das Erbsenmehl zugeben und noch 20 Minuten weiterkochen. Auskühlen lassen und dann zusammen mit Joghurt zu einem Teig kneten. Inzwischen die Eier hart kochen und kalt werden lassen, dann schälen und rundherum mit Fleischteig bedecken. Die Fleischbällchen fest formen, im verquirlten Ei wälzen und in einer Pfanne in sehr heißem Öl schwimmend ausbacken.

Für die Curry-Sauce das Butterfett in einem großen Topf erhitzen, die Zwiebeln darin goldbraun braten, dann Petersilie, Kurkuma, Ingwer, Currypulver, die Tomatenscheiben und Salz dazugeben, 5 Minuten leicht schmoren, anschließend mit Joghurt und heißem Wasser aufgießen und alles 5 Minuten kochen. In dieser Sauce werden die Fleischbällchen 3 Minuten aufgewärmt. Anschließend alle Fleischbällchen halbieren, auf einer Platte anrichten und mit Sauce begießen.

## *Fleischküchlein-Curry*

*2 mittelgroße Zwiebeln · 8 Knoblauchzehen*
*10 Scheiben Ingwerwurzel · 500 g beliebiges Hackfleisch*
*Salz nach Geschmack · Pflanzenfett zum Braten*
*2 EL Pflanzenfett · 2 TL gemahlener Koriander*
*1 Tasse Joghurt · 1 TL gemahlener Kreuzkümmel*

1 Zwiebel, den Knoblauch und den Ingwer wenn möglich in einem Mixer zerkleinern, sonst sorgfältig kleinhacken und mit dem Hackfleisch und dem Salz zu einem Teig kneten. Aus diesem kleine Fleischkuchen formen und 5–10 Minuten in heißem Fett braten. Inzwischen die andere Zwiebel in Scheiben schneiden, diese in einer anderen Pfanne im Fett bräunen, dann Koriander, Joghurt, Kreuzkümmel und etwas Salz dazugeben und alles 3 Minuten schmoren. In dieser Mischung die angebratenen Fleischküchlein noch 15 Minuten garen. Zwischendurch vielleicht noch etwas Wasser zugeben.

# *Gefüllte grüne Paprikaschoten*

(Foto Seite 167)

Für 6 Personen:

*2 Zwiebeln (gehackt)*

*1 Stück Ingwerwurzel (2½ cm dick, kleingehackt)*

*4 Knoblauchzehen (gehackt) · 4 EL Fett*

*500 g Rinderhackfleisch · 1 EL gemahlener Koriander*

*4 Gewürznelken · 4 Kardamomkapseln (geschält)*

*1 TL gemahlener Kreuzkümmel · Salz*

*6 große Paprikaschoten*

Die Zwiebeln zusammen mit Ingwer und Knoblauch im Fett goldbraun rösten, dann das Hackfleisch mit Koriander, Nelken, Kardamom, Kreuzkümmel und Salz vermischt dazugeben, 5 Minuten schmoren, mit einer Tasse Wasser aufgießen und gar kochen. Inzwischen von den Paprikaschoten die Deckel abschneiden, die Körner entfernen und die Schoten gründlich waschen. Anschließend die Schoten füllen, die Deckelchen daraufsetzen und alles auf einem bemehlten Backblech im 150–175 °C heißen Backofen 10–15 Minuten garen.

## *Enten-Curry*

*1 Ente (2000–2500 g) · 4 EL Joghurt*
*1 TL Safran · 2 TL Salz · 2 EL Pflanzenöl*
*2 Zwiebeln (fein gehackt) · 10 Knoblauchzehen (zerdrückt)*
*1 Stück Ingwerwurzel (7½ cm dick)*
*1 TL gemahlene, getrocknete Pfefferschoten*
*2 Lorbeerblätter · 3 Tassen kochendes Wasser*
*2 EL Kokosflocken · 4 Zwiebeln (in Scheiben)*

Die Ente waschen und trocknen, das Fett entfernen und in Stücke schneiden. Aus Joghurt, Safran und Salz eine Paste bereiten, damit die Ente einreiben und gut 1 Stunde stehenlassen. Das Öl in einem großen, schweren Topf erhitzen, die gehackten Zwiebeln und den Knoblauch darin bräunen, dann Ingwer, Pfefferschote, Lorbeerblätter und die Entenstücke dazugeben und 15–20 Minuten braten, bis das Fleisch schön braun ist. Das überflüssige Fett entfernen, dann das kochende Wasser zugeben, den Topf schließen und auf kleiner Flamme 20 Minuten kochen. Schnell die Kokosflokken hineingeben, wieder zudecken und noch 25 Minuten weiterkochen, dabei die Ente ab und zu begießen. Nach diesen 25 Minuten die Zwiebelringe zufügen und die Ente weitere 15 Minuten garen. Fertig.

## *Gegrilltes Hähnchen*

(Foto Seite 87)

*1,5 kg Hähnchen*

FÜR DIE MARINADE:

*3 Knoblauchzehen · 1 Zwiebel · 1,5 cm Ingwer*

*¼ TL Cayenne-Pfeffer · ½ TL Kreuzkümmel*

*½ TL Koriander · 1 TL Salz · ¼ TL Pfeffer*

*70 ml Weinessig · 70 ml Olivenöl*

Aus den angegebenen Zutaten eine Marinade herstellen und darin die enthäuteten Hähnchenteile für mindestens 2–3 Stunden marinieren. Anschließend auf Alufolie über dem Grill mit möglichst viel Marinade bräunen.

## *Enten-Curry aus Südindien*

(Foto Seite 149)

*1 Ente (2000–2500 g) · 4 EL Pflanzenöl*

*2 Zwiebeln (gehackt) · 2 Knoblauchzehen (gehackt)*

*2 grüne Pfefferschoten (gehackt)*

*4 EL beliebiges Currypulver · ½ TL gemahlener Kreuzkümmel*

*1 Tasse Wasser · 4 EL Kokosflocken (ungesüßt)*

*2 EL Zitronensaft · Salz nach Geschmack*

Die Ente in Stücke schneiden. Das Öl in einem Topf erhitzen, Zwiebeln, Knoblauch und grüne Pfefferschoten darin braten, dann Currypulver und Kreuzkümmel dazugeben und 5 Minuten rösten. Anschließend das Entenfleisch und 1 Tasse Wasser hineingeben und zugedeckt so lange kochen, bis das Fleisch gar ist. Inzwischen die Kokosflocken anrösten und, sobald das Fleisch zart ist, zusammen mit dem Zitronensaft und dem Salz zu dem Curry geben. Gut umrühren und servieren.

## *Kaninchen-Korma*

*1 Kaninchen (2000 g) · ½ l Joghurt · Salz*

*50 g Butterfett · 2 große Zwiebeln (gehackt)*

*2 EL Tomatenmark · 1 TL gemahlener Kreuzkümmel*

*½ TL Nelkenpulver · 6 Nelken*

*1 Stück Ingwerwurzel (2½ cm dick) · 1 EL gemahlener Koriander*

*½ TL gemahlene rote Pfefferschoten*

*6 Kardamomkapseln (geschält) · 1 TL Knoblauchpulver*

*1 Zimtstange (2½ cm lang)*

*1 Prise Safran (aufgelöst in 1 EL heißem Wasser)*

Das Kaninchen in kleine Stücke schneiden und diese in einer Marinade aus Joghurt und Salz mindestens 1 Stunde stehenlassen. Dann das Butterfett in einem tiefen Topf erhitzen, die Zwiebeln darin goldbraun braten, das Kaninchenfleisch samt Marinade und alle übrigen Gewürze dazugeben, noch 2 Tassen Wasser hineingießen und alles bei mittlerer Hitze 40 Minuten garen, bis das Fleisch zart ist. Kurz vor dem Servieren noch das Safranwasser angießen und kurz umrühren.

# Eier- und Milchgerichte

## *Panir-Curry*

(Foto Seite 51)

*2 l Milch · 1 TL Kurkuma*

*3 EL gemahlener Kreuzkümmel · 3 Zitronen*

*50 g Butterfett · 1 große Zwiebel · 4 Knoblauchzehen*

*1 grüne Pfefferschote (gehackt) · 1 EL Petersilie (gehackt)*

*2 EL Tomatenmark · 1 EL gemahlener Koriander*

*5 Scheiben Ingwerwurzel · Salz nach Geschmack*

Die Milch in einem Topf zusammen mit ½ TL Kurkuma und 1 TL Kreuzkümmel zum Kochen bringen, dann den Saft der 3 Zitronen dazugeben und die Milch gerinnen lassen. Die geronnene Milch in ein Seihtuch geben, mit einem Gewicht beschweren und 2 Stunden abtropfen lassen. Dabei entsteht eine frischkäseähnliche Masse, die Panir genannt wird. Sobald die Rückstände trocken sind, diese in Stücke schneiden, im Butterfett braten und beiseite stellen. Dann die Zwiebel goldbraun braten, alle übrigen Zutaten dazugeben und auf kleiner Flamme 10 Minuten kochen. Anschließend die Panirstücke hineingeben und nach Wunsch etwas Wasser für eine Sauce. Alles zusammen 20 Minuten garen.

## *Eier-Curry*

(Foto Seite 149)

*8 Eier · 2 mittelgroße Zwiebeln (fein gehackt)*

*80 g Pflanzenfett · 1 TL Majoran · 1 TL Thymian*

*1 TL Kurkuma · 3 TL Salz · 2 TL Kokosflocken (ungesüßt)*

*1 EL Currypulver · 4 große Tomaten (in Scheiben)*

*¼ l Joghurt*

Die Eier hart kochen. Inzwischen die Zwiebeln im Fett zusammen mit Majoran und Thymian goldbraun braten, dann Kurkuma, Salz, Kokosflocken und Currypulver dazugeben und 3–4 Minuten rösten. Die Tomatenscheiben und den Joghurt daruntermischen und die Eier vorsichtig in diese Sauce legen. Bei schwacher Hitze 10 Minuten sanft köcheln lassen.

## *Eier-Curry mit Pilzen*

*6 Eier · 250 g kleine Pilze · 1 große Zwiebel (gehackt)*

*5 Scheiben Ingwerwurzel · 6 EL Pflanzenöl*

*1 TL Kurkuma · 2 EL gehackte Petersilie · 2 TL Currypulver*

*3 große Tomaten (in Scheiben) · ¼ l Joghurt*

*2 EL Zitronensaft*

Die Eier hart kochen und der Länge nach halbieren, die Pilze waschen. Die Zwiebeln und den Ingwer im Öl goldbraun braten, Kurkuma, Petersilie und Currypulver dazugeben und 4 Minuten rösten. Dazu die Tomatenscheiben und den Joghurt geben und 10 Minuten kochen. Die Pilze in diese Sauce legen und zugedeckt 15 Minuten garen. Anschließend die Eier dazugeben und den Topf noch einmal 15 Minuten auf die Flamme stellen. Kurz vor dem Servieren den Zitronensaft unterrühren und mit Salz abschmecken.

## Omelett-Curry

Für 2–3 Personen:

*50 g Butterfett · 1 mittelgroße Zwiebel (gehackt)*

*1 EL gemahlener Koriander · ¼ TL Knoblauchpulver*

*1 EL Tomatenmark · 1 TL Kurkuma*

*¼ TL gemahlener Ingwer · Salz nach Geschmack · 4 Eier*

Das Butterfett in einem schweren Topf erhitzen, die Zwiebeln darin goldbraun rösten, anschließend alle Gewürze dazugeben und 15 Minuten kochen. Jetzt 1 Tasse Wasser hineingießen und den Topf auf sehr kleiner Flamme warm stellen. Inzwischen die Eier trennen, das Eiweiß halbsteif schlagen, dann die Eigelb dazugeben und alles zusammen weiterschlagen. In einer Pfanne etwas Butterfett erhitzen, die Eier vorsichtig hineingleiten lassen und wie ein normales Omelett backen. Anschließend in mittelgroße Stücke schneiden, zu dem Curry geben und noch 5 Minuten auf kleiner Flamme garen.

# Chutneys, Pickles und andere Beilagen

## *Raita*

(Foto Seite 87)

Für ca. 4 Tassen:

*2 Gurken · 1 mittelgroße Zwiebel · ½ l Joghurt*

*½ TL gemahlener Kreuzkümmel · ½ TL Salz*

Die Gurken schälen, reiben und 1 Stunde beiseite stellen. Die Zwiebel fein hacken und mit Joghurt, Kreuzkümmel und Salz vermischen. Den Saft der Gurken abtropfen lassen und diese dann mit der Joghurtmasse vermischen. Als Beilage zu Currygerichten servieren.

## *Kartoffel-Raita*

Für ca. 4 Tassen:

*1500 g Kartoffeln · 1 EL gemahlener Kreuzkümmel*

*½ TL Salz · 1 EL zerkleinerte rote Pfefferschoten · ½ l Joghurt*

Die Kartoffeln gar kochen, zerquetschen und mit allen Zutaten außer Joghurt vermischen. Sobald die Kartoffeln fast kalt sind, auch den Joghurt dazugeben und das Kartoffel-Raita zu einem Currygericht servieren.

## *Alu-Tiki*

Kartoffelbällchen

(Foto Seite 33)

| |
|---|
| *1 Tasse zerdrückte Kartoffeln, ungesalzen* |
| *1 TL Salz · ½ TL Kurkuma · ½ TL Cayenne-Pfeffer* |
| *1 fein gehackte Zwiebel · 1 EL gehackte Petersilie* |
| *3 EL Reismehl · Erdnußöl zum Ausbacken* |

Die Kartoffeln schälen, würfeln, kochen und zerdrücken. Mit Salz, Kurkuma, Cayenne-Pfeffer und Reismehl in eine Schüssel geben und alles gut mischen, bis ein fester Teig entstanden ist. Es kann nötig sein, einen Löffel oder zwei mehr Mehl hinzuzufügen. Der Teig soll zu weich sein, um sich rollen zu lassen, aber er muß zusammenhalten.

In einer tiefen Pfanne das Erdnußöl erhitzen. Stücke vom Teig abnehmen, zwischen den Handflächen zu Kugeln formen und dann zu flachen, ¾ cm dicken Kuchen von etwa 5–7 cm Durchmesser drücken. In das heiße Fett geben und 2–3 Minuten lang anbraten. Wenn sie gebräunt sind, einmal wenden. Aus dem Fett nehmen, auf Saugpapier abtropfen lassen und warm servieren.

## *Zwiebel-Sambal*

Zwiebeln fein hacken, salzen und einige frische Pfefferminzblätter dazugeben. Etwas Zitronensaft hinzufügen und 1–2 Stunden durchziehen lassen. Als Beilage zu Currygerichten servieren, und zwar pro Person ungefähr 2 EL Zwiebel-Sambal.

## *Gemischter Salat*

(Foto Seite 87)

| |
|---|
| *500 g frischer Salat, zum Beispiel:* |
| *Endivien, Chicorée, Brunnenkresse, Spinat, Kohl (gehackt),* |
| *Möhren (gewürfelt), Sellerie (in Stiften), Gurke (in Würfeln),* |
| *Paprika (in Würfel), Radieschen (in Scheiben),* |
| *Tomaten (in Achteln), Schalotten* |
| FÜR DIE SALATSAUCE: |
| *Saft von 1 Zitrone · 1 TL Salz · 1 TL Honig* |
| *½ EL Zucker · ¼ TL Cayenne-Pfeffer* |

Das Gemüse sorgfältig waschen, zerkleinern und gut mischen. Für die Salatsauce die Zutaten in einem Krug gut schütteln. Erst kurz vor dem Servieren über den Salat gießen und gründlich unterheben.

## *Okra-Foogath*

(Foto Seite 87)

Für ca. 4 Tassen:

*4 EL Pflanzenöl · 1 mittelgroße Zwiebel (gehackt)*

*½ TL gemahlener Ingwer · ½ TL Knoblauchpulver*

*¼ TL Cayenne-Pfeffer · 2 mittelgroße Tomaten (kleingehackt)*

*1 EL Kokosflocken (ungesüßt)*

*1 Dose oder frische, gekochte Okra (etwa 500 g, s. Seite 80)*

*Salz nach Geschmack*

Das Öl in einer Pfanne erhitzen, Zwiebel, Ingwer, Knoblauch und Cayenne-Pfeffer darin auf mittelgroßer Flamme 5 Minuten braten, dann die Tomaten, Kokosflocken und abgetropfte Okra in die Pfanne geben und so lange kochen, bis die Okraschoten heiß sind. Salzen und servieren.

## *Okra-Bhurta*

Für ca. 2 Tassen:

*1 Dose Okra (etwa 500 g) · 1 grüne Pfefferschote (gehackt)*

*1 EL Zitronensaft · 1 EL Olivenöl*

*1 mittelgroße Zwiebel (gehackt) · 2 EL Kokosflocken (ungesüßt)*

*Salz nach Geschmack*

Die Okra (s. Seite 80) in ein Sieb geben, unter kaltem Wasser gründlich waschen und 30 Minuten abtropfen lassen. Dann zerquetschen und gut mit allen übrigen Zutaten vermischt servieren.

v. o. n. u.: *Gefüllte grüne Paprikaschoten, Gurken-Curry, Zucchini, Gefüllte Auberginen* (Rezepte Seite 156, 132, 130 und 152)

## *Gurken-Bhurta*

| Für ca. 2 Tassen: |
|---|
| *2 Gurken · ½ TL Knoblauchpulver* |
| *2 grüne Pfefferschoten (gehackt) · 1 EL Zitronensaft* |
| *1 große Zwiebel (gehackt) · ½ TL gemahlener Ingwer* |
| *2 EL Olivenöl · Salz nach Geschmack* |

Die Gurken schälen, würfeln und kochen, bis sie weich sind, anschließend zerquetschen und mit allen anderen Zutaten vermischen.

## *Krabben-Bhurta*

| Für ca. 4 Tassen: |
|---|
| *20 große Krabben · 2 große Zwiebeln (gehackt)* |
| *4 EL Pflanzenöl · 1 TL Knoblauchpulver* |
| *¼ TL zerkleinerte rote Pfefferschoten · 1 TL gemahlener Ingwer* |
| *½ TL gemahlener Kreuzkümmel · 4 EL Kokosflocken (ungesüßt)* |
| *½ Tasse kochendes Wasser · Salz* |

Die Krabben schälen, reinigen, 4 Minuten kochen, aus dem Wasser nehmen und auskühlen lassen. Die Zwiebeln im Öl goldbraun braten, alle Gewürze dazugeben und bei mittlerer Hitze 5 Minuten schmoren. Anschließend die Krabben hineingeben und gleichzeitig die Kokosflocken mit kochendem Wasser begießen. Sobald sie etwas kühl geworden sind, die Milch herausquetschen, diese zu den kochenden Krabben geben und noch 1–2 Minuten mitkochen. Nach Geschmack salzen. Für dieses Gericht können Sie gut tiefgekühltes Crabmeat verwenden, das Sie nach Vorschrift garen.

## *Süßes Mango-Chutney*

Für 7–8 Liter:

*30 reife Mangos · 250 g Ingwerwurzel · 1 l Essig*

*1 EL Knoblauchpulver · 6¾ Tassen Zucker · 500 g Rosinen*

*1 EL Cayenne-Pfeffer (nach Belieben) · 2 EL Salz*

Die Mangos schälen und in dicke Scheiben schneiden, ebenso die Ingwerwurzel. In einem sehr großen Topf (vorzugsweise aus Email) den Essig zum Kochen bringen, Mangos, Knoblauch und Ingwer dazugeben und wieder zum Kochen bringen. Anschließend Zukker, Rosinen, Cayenne-Pfeffer und Salz in den Topf geben, häufig umrühren und alles auf kleiner Flamme kochen, bis die Masse dickt (ungefähr nach 2 Stunden). In sterilisierte Gläser abfüllen und luftdicht verschließen. Die Menge ergibt etwa 7–8 Gläser, Sie können jedoch das Rezept kürzen, indem Sie ungefähr 4 Mangos pro Literglas rechnen und die anderen Mengenangaben entsprechend verringern.

## *Scharfes Mango-Chutney*

Für 12 Liter:

*50 reife Mangos · 500 g Ingwerwurzel · 1 l Essig*

*3 EL Cayenne-Pfeffer · 1000 g Rosinen*

*2 EL Knoblauchpulver · 4½ Tassen Zucker*

Die Mangos schälen und in dicke Scheiben schneiden, den Ingwer dagegen in dünne. Den Essig zum Kochen bringen, die Mangos und alle anderen Zutaten außer dem Zucker hineingeben, wieder zum Kochen bringen, dann den Topf vom Feuer nehmen und langsam den Zucker zugeben. Anschließend den Topf wieder auf die Flamme stellen und bei geringer Hitze die Masse so lange rühren, bis sie dickt. In sterilisierte Gläser abfüllen und luftdicht verschließen. Auch dieses Rezept können Sie entsprechend Ihren Bedürfnissen kürzen. Sie rechnen 4 Mangos pro Liter und ändern die anderen Mengenangaben entsprechend.

## *Tomaten-Chutney*

| Für 3 Liter: |
| --- |
| *2500 g reife Tomaten · 1000 g grüne Äpfel* |
| *1 l Apfelessig · 125 g Ingwerwurzel (durchgedreht)* |
| *1 EL Knoblauchpulver* |
| *1 EL Cayenne-Pfeffer (nach Geschmack)* |
| *2 EL Salz · ½ Tasse Zitronensaft* |

Die Tomaten und Äpfel schälen und in 2 cm große Stücke schneiden. Den Essig zum Kochen bringen, dann vom Feuer nehmen, Äpfel, Tomaten und alle anderen Zutaten hineingeben und den Topf wieder auf die Flamme stellen. So lange kochen, bis sich ein dicker Brei bildet. Diesen in sterilisierte Flaschen oder Gläser füllen und luftdicht verschließen.

## *Rosinen-Chutney*

Für 3 Liter:

*1 l Apfelessig · 2000 g Rosinen*

*4 EL gemahlener Ingwer · 500 g brauner Zucker*

*2 EL Knoblauchpulver · 1 EL Cayenne-Pfeffer · 1 EL Salz*

Den Essig zum Kochen bringen, die Rosinen zugeben und kochen, bis die Rosinen weich sind und platzen. Dann alle anderen Zutaten dazugeben und alles auf kleiner Flamme etwa 1 Stunde sanft kochen lassen. In sterilisierte Gläser abfüllen und luftdicht verschließen.

## *Frucht-Chutney*

Für 2 Liter:

*250 g Kochäpfel · 250 g Aprikosen*

*250 g halbreife Pflaumen · 500 g brauner Zucker*

*4 EL Rosinen · 3 Scheiben Ingwerwurzel*

*4 EL Currypulver · 1 TL Kümmel · 1 TL Cayenne-Pfeffer*

*12 Knoblauchzehen · 1 EL Salz · 1 Tasse heller Essig*

Alle Früchte entkernen bzw. entsteinen und in kleine Stücke schneiden. Anschließend in einen großen Topf geben (vorzugsweise Email), alle anderen Zutaten zufügen und bei mittlerer Hitze etwa 1 Stunde kochen. In sterilisierte Gläser abfüllen und luftdicht verschließen.

## *Koriander-Chutney*

Für 4 Tassen:

*1 EL Zitronensaft · 1 TL Salz · 2 grüne Pfefferschoten (gehackt)*

*1 Tasse frische Korianderblätter (auf keinen Fall getrocknete)*

*3 Tassen Essig · 1 TL brauner Zucker*

*6 mittelgroße neue Zwiebeln · 1 Knoblauchzehe*

Alle Zutaten in einem Mixer etwa 1 Minute zerkleinern und gründlich mischen.

2. *Version:* Zitronensaft, Salz und grüne Pfefferschoten zu einer Paste verquirlen.
Die Korianderblätter waschen und alle aussortieren, die entweder zerquetscht oder dunkel sind. Alle einwandfreien Blätter in einer Mischung aus Essig und Wasser ungefähr 2 Stunden einweichen und anschließend abtropfen lassen. Dann 1 Tasse Essig in einen großen Topf geben, den braunen Zucker hinzufügen, dann die Korianderblätter, die vorbereitete Mischung aus Salz, Zitronensaft und Pfefferschoten, die kleingehackten Zwiebeln und eine durchgedrehte Knoblauchzehe dazugeben und alles gründlich vermischen. Inzwischen den restlichen Essig zum Kochen bringen, dann über die Korianderblätter-Mischung gießen, alles abkühlen lassen und anschließend abfüllen.

# *Tamarinden-Chutney*

(Foto Seite 87)

Für 4 Tassen:

*100 g Tamarinde · 50 g Melasse oder brauner Zucker*

*50 g Rosinen · 50 g entkernte, feingehackte Datteln*

*1½ TL gemahlener, gerösteter Kreuzkümmel*

*1 TL Garam Masala (s. Seite 116) · 1 TL Ingwerpulver*

*¼–½ TL Cayenne-Pfeffer · 1 TL Salz*

Tamarinde in einer Schüssel mit ¼ l kochendem Wasser übergießen. Zudecken und ½ Stunde weichen lassen. Fruchtfleisch mit der Rückseite eines Löffels oder mit den Fingern zu einer dicken Sauce zerdrücken. ⅜ l kochendes Wasser zugießen, gut verrühren und stehenlassen, bis es nur mehr lauwarm ist. Das Fruchtfleisch noch einmal 1 Minute durcharbeiten. Saft durch ein Sieb oder ein Stück Gaze in eine andere Schüssel drücken. Sehr gut auspressen und die faserigen Rückstände wegwerfen.

Die restlichen Zutaten einrühren. Zudecken und mindestens 4 Stunden bei Zimmertemperatur oder über Nacht im Kühlschrank stehenlassen.

Dieses Chutney ist süß-sauer und scharf und hat die Konsistenz einer Rahmsauce. Es paßt gut zu Samosas. Im Kühlschrank hält es eine Woche, und es läßt sich auch gut einfrieren. Langsam und gründlich auftauen lassen.

## *Kanji*

Eingelegte Karotten

Für 4 Liter:

*125 g rote Rüben · 2500 g rohe Karotten · 4 EL Salz*

*4 EL Senfkörner · 1 EL Currypulver*

*1 TL Cayenne-Pfeffer · 1¼ l Wasser*

Die roten Rüben und Karotten schaben und in dünne Scheiben schneiden. Das Salz mit Senfkörnern, Currypulver und Cayenne-Pfeffer vermischen und anschließend alles zusammen mit dem Wasser in einem großen Glas oder in einem irdenen Topf an einer warmen Stelle 1 Woche stehenlassen. Man verwendet nur die Flüssigkeit!

## *Eingelegter Blumenkohl*

Für 2 Liter:

*1000 g Blumenkohl · 1 EL zerstoßene Senfkörner*

*1 EL Currypulver · 125 g Ingwerwurzel*

*¾ Tasse Worcester-Sauce · 2 EL Salz · 1 EL Kurkuma*

*1 EL zerkleinerte rote Pfefferschoten*

*⅞ Tasse brauner Zucker · 3 EL Apfelessig*

Den Blumenkohl in Röschen teilen, diese kurz kochen und abkühlen lassen. Alle Zutaten und den Blumenkohl in ein großes Glas oder einen irdenen Topf geben, gründlich umrühren und an einem warmen Ort 4–5 Tage stehenlassen. Falls Sie Tamarinde erhalten können, verbessern Sie das Rezept wie folgt:

Den Blumenkohl in Röschen teilen, diese kurz kochen und abkühlen lassen. Dann Senfkörner, Currypulver, Ingwer, Salz, Kurkuma und Pfeffer zusammen mit dem Blumenkohl in einen irdenen Topf geben und 4–5 Tage an einem warmen Ort stehenlassen. Statt der Worcester-Sauce 50–60 g Tamarinde in 1 Tasse Wasser 15 Minuten einweichen und dann die Körner und das Fruchtfleisch herausquetschen. Diese Sauce über den eingelegten Blumenkohl geben. Dann den Essig zusammen mit dem braunen Zucker kochen und anschließend abkühlen lassen. Danach ebenfalls zu dem Blumenkohl gießen, alles gut umrühren und den Topf weitere 3 Tage an einem warmen Ort stehenlassen.

## *Zitronen-Achar*

Für 4 Liter:

*500 g Senfkörner · 1/3 Tasse Kreuzkümmel*
*125 g Pfefferkörner · 2 EL Cayenne-Pfeffer · 2 EL Salz*
*24 Zitronen · 2 l Öl*

Alle Gewürze und das Salz vermischen und beiseite stellen. Die Zitronen vierteln, aber nur bis etwa zur Hälfte durchschneiden. Anschließend jede Zitrone mit der Gewürzmischung füllen und in das kochende, vom Feuer genommene Öl einlegen und alles zugedeckt an einem warmen Ort 2 Wochen stehenlassen. Nach dieser Zeit in Gläser abfüllen und diese luftdicht verschließen. Falls Sie dieses Rezept kürzen möchten, müssen Sie 6 Zitronen und 2 EL Kreuzkümmel pro Liter rechnen.

# Desserts

## *Bananen-Halva*

Für 6 Personen:

*5 feste Bananen · 2 EL Butterfett · 1 Tasse Wasser*

*¾ Tasse Zucker · ¼ TL Rosenwasser*

*1 TL gemahlener Kardamom · 4 Mandeln (in Scheiben)*

Die Bananen schälen und in etwa 2–3 cm dicke Stücke schneiden. Das Butterfett in einer sehr schweren Kasserolle erhitzen, die Bananenstücke hineingeben und bei mäßiger Hitze unter ständigem Rühren 5 Minuten braten. Dann den Topf vom Feuer nehmen, die Bananen zerdrücken, ½ Tasse Wasser hineinrühren und anschließend wieder auf kleiner Flamme 5 Minuten weiterkochen und dabei laufend umrühren. Dann den mit dem restlichen Wasser vermischten Zucker zugeben und noch einmal etwa 20 Minuten weiterrühren, bis die Mischung dickt. Zuletzt Rosenwasser und Kardamom hineinrühren, die Masse in kleine Schälchen füllen, mit Mandeln bestreuen und entweder warm oder kalt servieren.

# *Karotten-Halva*

Für 8–10 Personen:

*1000 g Karotten · 1 l Milch · 1⅔ Tassen Zucker*

*1 Tasse Butter · ½ Tasse verschiedene ungesalzene Nüsse*

*¼ Tasse Rosinen · ½ TL gemahlener Kardamom*

*¼ TL Safran (aufgelöst in 1 EL heißem Wasser)*

*¼ TL Rosenwasser*

Die Karotten schälen und fein reiben oder in einem Mixer pürieren. In einem schweren Topf die Milch zum Kochen bringen, dann die Karotten dazugeben und so lange kochen, bis sie die Milch völlig aufgesogen haben, was etwa 1–2 Stunden dauert. Während dieser Zeit häufig im Topf rühren, damit nichts anbrennt. Sobald die Mischung dickt, Zucker und Butter zugeben und 20 Minuten weiterkochen. Dann Nüsse, Rosinen, Kardamom, Safran- und Rosenwasser hineingeben und noch 10 Minuten mitkochen. Den Pudding entweder in einer flachen Schale oder in Gläsern servieren.

# *Mandel-Halva*

Für 12 Personen:

*1 Tasse Zucker · 2 Tassen Wasser · 2 Tassen Mehl*

*1 Tasse geschmolzene Butter*

*½ TL Safran (aufgelöst in 2 EL heißem Wasser)*

*250 g gemahlene Mandeln*

Zucker und Wasser in einem Topf 10 Minuten kochen, dann allmählich das Mehl zugeben und weiterkochen, bis die Mischung dicklich wird. Jetzt nach und nach die geschmolzene Butter dazugeben und so lange weiterrühren, bis der Pudding fast kompakt ist. Schnell das Safranwasser zugießen, gut umrühren und in einer flachen Schüssel anrichten. Mit Mandeln bestreuen und kalt servieren.

## *Sago-Halva*

Für 12 Personen:

*2 Tassen Sago · 2 Tassen dicke Kokosmilch (s. Seite 20)*

*½ Tasse Zucker · ½ Tasse Wasser · 1 TL Safran*

*4 EL Butter · 1 TL gemahlener Kardamom*

*¼ Tasse gehackte Mandeln*

Sago und Kokosmilch in einem Mixer gründlich vermischen und 1 Stunde beiseite stellen. Inzwischen Zucker und Wasser in einem Topf 5 Minuten kochen, die Sagomischung, Safran, Butter und Kardamom dazugeben und alles auf kleiner Flamme unter ständigem Rühren kochen, bis der Pudding dickt. In eine Schüssel geben, mit Mandeln verzieren und kalt servieren.

## *Suji-Halva*

Rosinenpudding

Für 6 Personen:

*$^{7}/_{8}$ Tasse Zucker · $^{3}/_{4}$ Tasse Milch · $^{3}/_{4}$ Tasse Wasser*

*$^{1}/_{2}$ Tasse Butter · $^{2}/_{3}$ Tasse Stärkemehl · 2 EL Rosinen*

*2 TL gemahlener Kardamom · 2 EL Mandeln (in Scheiben)*

Zucker, Milch und Wasser zusammen in einen Topf geben und auf kleiner Flamme 15 Minuten kochen. In einem anderen Topf die Butter schmelzen, nach und nach das Stärkemehl zugeben und 10 Minuten ständig rühren. Sobald das Mehl goldbraun ist, die Zucker-Milch-Wasser-Mischung und die Rosinen sowie Kardamom dazugeben und auf großer Flamme unter ständigem Rühren so lange kochen, bis alle Flüssigkeit verdampft ist. Den Pudding in eine flache Schale füllen, mit Mandelscheiben garnieren und noch warm servieren. Suji-Halva ist Indiens Lieblingspudding und wird am häufigsten zusammen mit Puries gegessen.

## *Bananen-Lassi*

(Foto Seite 87)

*1 Banane · Zucker nach Belieben*

*$^{1}/_{2}$ l Milch · 4 EL Quark*

Die Banane mit Zucker zerdrücken. Die Milch und den Quark dazugeben. Das Ganze gut verquirlen, bis es schaumig ist.

*Anmerkung:* In Indien nimmt man Joghurt anstelle von Quark, aber unser Quark kommt im Geschmack dem indischen Joghurt am nächsten.

## *Malpura*

Indische Pfannkuchen

*1 Tasse Vollkornmehl · 3 EL Zucker · ½ Tasse Milch*

*1 TL Anis · 3 EL Butterfett*

Das Mehl in eine Schüssel sieben, den Zucker dazugeben, nach und nach die erwärmte Milch hineinrühren und den Teig 5 Minuten schlagen. Er sollte so dick wie Pfannkuchenteig sein. Falls er jedoch zu dick ist, etwas warmes Wasser zugeben. Dann noch Anis unterrühren und den Teig an einem warmen Ort 1 Stunde stehenlassen. Das Butterfett in einer Pfanne sehr heiß werden lassen, den Teig noch einmal kurz schlagen (vielleicht noch etwas Wasser zugeben) und jeweils einen Löffel voll in das Fett geben und den Pfannkuchen auf beiden Seiten braun braten. Die fertigen Malpuras sind am Rand knusprig und in der Mitte noch weich.

## *Gulab Jamon*

Mandel-Milch-Bällchen in Sirup

(Foto Seite 87)

Für ca. 36 Bällchen:

FÜR DEN SIRUP:

*4½ Tassen Zucker · 1 TL Rosenwasser · 1 l Wasser*

FÜR DIE JAMONS:

*1⅓ Tassen Speisestärke · 2 Tassen Milchpulver*

*¼ Tasse geschmolzene Butter · ¼ Tasse gemahlene Mandeln*

*3 Eier · ½ Tasse Joghurt · Pflanzenöl zum Ausbacken*

Zuerst den Zucker und das Rosenwasser mit 1 l Wasser zu einem dicken Sirup kochen. Nicht kalt werden lassen! Dann alle übrigen

Zutaten in einer Schüssel vermischen, zu einem festen Teig kneten, diesen in etwa 5 cm lange Stücke teilen und daraus runde Bällchen formen. Anschließend das Öl einige Zentimeter hoch in einen schweren Topf geben, sehr heiß werden lassen und die Jamons einzeln darin ausbacken. Noch heiß in den Sirup (oder auch Puderzucker) tauchen und entweder heiß oder kalt servieren.

## *Rasgulla*

Mit Kandis gefüllte Bällchen

Für 6–8 Bällchen:

*1 Tasse Quark · 1 EL Stärkemehl · Kandiszucker*

*4 Tassen Zucker · 2 Tassen Wasser · 1 TL Rosenwasser*

Quark und Mehl zu einer weichen Paste vermischen und daraus Kugeln von 5 cm Ø formen. Jede Kugel halb durchbrechen, mit einem Stück Kandiszucker füllen und wieder zusammendrücken. Zucker und Wasser 7 Minuten kochen, 1½ Tassen von diesem Sirup beiseite stellen, in den restlichen Sirup die Bällchen geben, schnell zum Kochen bringen, dann die Hitze drosseln und alles 30 Minuten kochen. Den Topf nur schütteln, damit die Kügelchen nicht zerbrechen, und nach und nach den restlichen Sirup zugeben, so daß die Bällchen immer in einem dünnen Sirup schwimmen. Anschließend abkühlen lassen und das Rosenwasser zugeben.

## *Soojee Kul Kuls*

Kokosplätzchen

Für ca. 24 Plätzchen:

*2 2/3 Tassen Stärkemehl · 2 EL Butter · 3 Eier*

*1/2 Tasse dicke Kokosmilch (s. Seite 20)*

Stärkemehl, Butter und Eier mit so viel Kokosmilch vermischen, daß ein fester Teig entsteht. Daraus längliche Bällchen formen, diese mit einer Gabel etwas verzieren und nacheinander in sehr heißem Öl schwimmend ausbacken. Die kalten Kul Kuls entweder in Sirup tauchen oder mit Puderzucker bestreuen.

## *Baloo Shahi*

Sirupplätzchen

Für ca. 36 Plätzchen:

*1/2 l Joghurt · 1 Prise Salz · 6 3/4 Tassen Zucker*

*3 Tassen Wasser · 4 Tassen Mehl · 500 g Butter*

*1000 g Butter zum Ausbacken · 1/2 TL Backpulver*

*1 Tasse Puderzucker*

Den Joghurt mit einer Prise Salz würzen und 30 Minuten stehenlassen. Den Zucker in 3 Tassen Wasser zu einem dicken Sirup kochen und diesen warm stellen. Dann Mehl, Butter und Backpulver vermischen, nach und nach den Joghurt zugeben und alles zu einem festen Teig kneten. Diesen ausrollen, bis er nur noch so dick wie ein 5-Mark-Stück ist, 10 Minuten ruhen lassen, dann aufrollen und diese Rolle in 5 cm dicke Stücke schneiden. Aus jedem

Stück ein rundes, flaches Plätzchen ausrollen, in der Mitte mit dem Daumen eine Vertiefung anbringen und die Plätzchen in sehr heißer Butter goldbraun backen. Anschließend in den heißen Sirup geben und darin noch etwa 20 Minuten kochen. Mit Puderzucker bestreut servieren.

## *Shakar-Para*

Sirupstreifen

Für ca. 50 Streifen:

*6¾ Tassen Zucker · 6 Tassen Wasser*

*½ Tasse Butter · 4 Tassen Mehl · ½ TL Backpulver*

*1 Prise Salz · ¼ l Joghurt · 500 g Butterschmalz zum Ausbacken*

*500 g Puderzucker*

Den Zucker in Wasser auflösen, 10 Minuten kochen, dann den Topf vom Feuer nehmen. Butter, Mehl, Backpulver und Salz vermischen, nach und nach den Joghurt zugeben und alles zu einem festen Teig kneten. Falls der Joghurt nicht reichen sollte, etwas Buttermilch, Joghurt, Milch oder Wasser zugeben. Dann den Teig ausrollen, in 1 cm breite und 7½ cm lange Streifen schneiden und diese in dem kochendheißen Butterschmalz knusprig braun braten. Den Sirup auf kleiner Flamme erhitzen, die Streifen hineingeben, 5 Minuten mitkochen und anschließend mit Puderzucker bestreuen.

## *Jalebee*

Süße Brezeln

| Für ca. 50 Brezeln: |
| --- |
| *15 g Hefe · 4 Tassen Mehl · 4 Tassen Zucker* |
| *½ TL Safran · 500 g Butterschmalz* |

Die Hefe in etwas heißem Wasser auflösen und dann mit so viel zusätzlichem Wasser zu dem Mehl geben, daß ein dünner, leicht flüssiger Teig entsteht. 4 Tassen Zucker in 4 Tassen Wasser zu einem dicken Sirup kochen, warm stellen und den 10 Minuten in 1 EL heißem Wasser eingeweichten Safran hineinrühren. Dann das Butterschmalz in einem schweren Topf zum Kochen bringen, den Teig in einen Trichter geben und dann daraus in das Butterfett fließen lassen. Dabei Brezeln formen und nach jeder Brezel den Trichter mit dem Daumen zuhalten. Die Brezeln goldbraun backen und anschließend einige Minuten in den Sirup tauchen.

## *Mal Poa*

Siruppläzchen

| Für ca. 50 Plätzchen: |
| --- |
| *4 Tassen Mehl · 1 TL Backpulver · 1½ Tassen Kondensmilch* |
| *¼ l Joghurt · 3 Tassen Zucker · 3 Tassen Wasser* |
| *500 g Butterschmalz zum Ausbacken* |

Mehl und Backpulver vermischen und so viel Kondensmilch und Joghurt zugeben, daß ein weicher, gut formbarer Teig entsteht. Dann den Zucker in Wasser zu einem dicken Sirup kochen. Anschließend das Butterschmalz in einem schweren Topf zum Kochen bringen, 1 EL voll Teig nach dem anderen hineingeben, die Plätzchen goldbraun braten, aus dem Butterschmalz nehmen und in dem Sirup noch 5 Minuten auf kleiner Flamme kochen. Herausnehmen und warm oder kalt servieren.

## *Motichoor Ladoo*

Indische »Spätzle«

Für 8 Personen:

*2 kg Zucker · 2 l Wasser · ½ TL Safran*

*4 Tassen Erbsenmehl · ¼ l Joghurt*

*500 g Butterschmalz zum Ausbacken · 2 Tassen Puderzucker*

Zucker und Wasser zu einem dicken Sirup kochen, auf kleiner Flamme warm stellen und den 10 Minuten in 1 EL heißem Wasser eingeweichten Safran dazugeben. Dann das Erbsenmehl in eine Schüssel sieben und den Joghurt und so viel Wasser zugeben, daß ein dicker Teig entsteht. Inzwischen das Butterschmalz zum Kochen bringen, ein grobes Sieb darüberhalten, den Teig durch die Löcher in das Butterschmalz tropfen lassen und die »Spätzle« goldbraun backen. Anschließend einige Minuten in den Sirup legen und zuletzt mit Puderzucker bestreuen.

## *Shrikhand*

Joghurtdessert

Für 8–10 Personen:

*1 l Joghurt · 2 Prisen Safran · ½ Tasse Zucker*

*2 EL Mandeln (in Scheiben) oder andere Nüsse*

Alle Zutaten vermischen, die Masse in hübsche Gläser füllen, im Kühlschrank kalt stellen und dann servieren.

*2. Version:* Statt Joghurt halb Sauerrahm, halb Joghurt verwenden und statt Nüssen beliebige, kleingeschnittene Früchte daruntermischen.

## *Kheer*

Kokoscreme

(Foto Seite 87)

Für 4–6 Personen:

*2 Tassen Milch · 1 EL Reismehl · 2 EL gehackte Mandeln*

*2 EL gehackte Pistazien · ½ TL Rosenwasser*

*2 EL Kokosflocken (ungesüßt)*

Die Milch zum Kochen bringen und langsam das Reismehl zugeben. Sobald die Mischung dickt, Nüsse, Zucker und Rosenwasser hineingeben. Nach einigen Minuten die Kokosflocken hinzufügen. Falls die Creme zu dick wird, etwas Milch oder Rahm zugeben.

## *Kutch-Gulla*

Milchbällchen

Für ca. 24 Bällchen:

*1 l Milch · Saft von 2 Zitronen*

*2 EL geschmolzene Butter · 6 EL Zucker*

Die Milch zum Kochen bringen, Zitronensaft zugeben, die Milch gerinnen und 10 Minuten in einem Seihtuch abtropfen lassen. Die Rückstände zu einer weichen Masse kneten. Dann die geschmolzene Butter und den Zucker dazugeben, alles bei mäßiger Hitze kochen, bis eine gleichmäßige Masse entstanden ist. Etwas abkühlen lassen und dann kleine Bällchen formen.

## *Mandel-Milch-Konfekt*

(Foto Seite 87)

Für ca. 48 Stück:

*450 g blanchierte Mandeln · ½ l Milch*

*150 g Zucker · 2 EL Butterfett*

Die Mandeln in der Küchenmaschine oder mit dem Pürierstab fein pürieren. Ein 20x20 cm großes Blech einfetten (oder Wachspapier verwenden). Die Milch zum Kochen bringen. Bei großer Hitze offen 10 Minuten kochen, bis sie die Konsistenz von dickem Rahm hat. Dabei ständig rühren. Anschließend die Wärmezufuhr auf mittlere Stufe stellen, Zucker zugeben und auflösen. Den Mandelbrei und das Butterfett zufügen. Kräftig und ständig rühren, bis die Masse fest wird und am Löffel klebt. 3 Minuten weiterkochen. Die Masse in die Mitte der gefetteten Fläche gießen und rasch glattstreichen. Solange die Masse noch warm ist, mit einem in kaltes Wasser getauchten Messer in gleichmäßige Würfel schneiden.

## *Beveca*

Kokoskuchen mit Kümmel

Für 8 Personen:

*1 Tasse Reismehl · 1 Tasse Mehl · ½ Tasse geschmolzene Butter*

*2 Tassen Puderzucker · 4 Eier · ½ TL Kümmel*

*½ Tasse dicke Kokosmilch (s. Seite 20)*

*¼ Tasse Mandeln (in Scheiben)*

Das Reismehl zusammen mit dem Weizenmehl in eine Schüssel sieben. Dann Butter und Zucker schaumig schlagen und nach und nach die Eier zugeben. Diese Masse anschließend langsam zu dem Mehl geben und gut unterrühren. Dann den Kümmel zufügen und den Teig mit Kokosmilch zu einem Pfannkuchenteig verdünnen. Diesen in eine bemehlte Backform geben, mit Mandeln bestreuen und bei mäßiger Hitze im Backrohr goldbraun backen. Auskühlen lassen und in Stücke geschnitten servieren.

## *Malai Aam*

Mango mit Sauerrahm

Für 8 Personen:

*2 große, reife Mangos (je 700–900 g) oder Mangoscheiben aus der Dose*

*3 EL gehackte Walnüsse · 1/8 l Sauerrahm · 2 EL Zucker*

Mangos schälen, in Scheiben schneiden, in eine flache Schüssel geben. (Mangoscheiben aus der Dose gut abtropfen lassen.) Mit Walnüssen bestreuen, mit Plastikfolie abdecken und gut kühlen. Sauerrahm und Zucker vermischen, 4 EL Obstsaft dazugeben. Die Sauce zu den Mangoscheiben servieren. Der Mangogeschmack kommt besser zu Geltung durch die Zugabe von Aprikosenbrandy.

## *Mango-Creme*

Für 8 Personen:

*2–3 große, reife Mangos (1 kg) · 1/4 l Milch*

*3 EL Zucker · 1 EL Maisstärke · 1/4 l Schlagsahne*

*1/4 TL Mandelessenz · 4 EL Aprikosenbrandy*

*1 EL Zitronensaft · 8 kleine Mangostücke zum Garnieren*

Püriertes Mangofleisch durch ein feines Sieb drücken, fasrige Rückstände wegwerfen. Milch und Zucker in kleinem Topf aufkochen. Die in Milch aufgelöste Maisstärke einrühren und kochen, bis die Milch andickt. Gut kühlen. Fruchtfleisch einrühren und gut vermischen. In den Eisschrank stellen.
Schlagsahne steif schlagen, Mandelessenz und Zucker einrühren.

Brandy und Zitronensaft unter die Mango-Creme ziehen, dann die Schlagsahne vorsichtig unterheben. Auf 8 Dessertschüsselchen verteilen. Mit je einem Stück Mango garnieren. Gut gekühlt servieren. Die Mango-Creme kann 2 Stunden vor dem Servieren zubereitet werden.

## *Khir Puree*

Gefüllte Sirupplätzchen

Für ca. 24 Plätzchen:

*1 große Dose Kondensmilch (ca. 410 g)*

*½ Tasse Zucker · 2 EL Mandeln (in Scheiben)*

*2 EL Pistazien · ⅓ Tasse Rosinen · 4½ Tassen Zucker*

*4 Tassen Mehl · 1 Prise Salz · ½ TL Backpulver*

*1 Tasse Milch · 500 g Butterschmalz zum Ausbacken*

Die Kondensmilch in einem Topf unter ständigem Rühren eindicken lassen, dann ½ Tasse Zucker, Mandeln, Pistazien und Rosinen zugeben und alles 15 Minuten kochen, anschließend den Topf vom Feuer nehmen und auskühlen lassen. Aus 4½ Tassen Zucker und 2 Tassen Wasser einen dicken Sirup kochen und auf kleiner Flamme warm halten. Dann Mehl, Salz und Backpulver vermischen, allmählich die Milch zugeben (evtl. auch mehr als 1 Tasse) und alles zu einem dicken Teig kneten. Kugeln von 5 cm Ø formen, diese flach ausrollen, etwas von der Milchmischung auf jeden Teigfladen geben, die Ränder des Teigfladens darüber zusammenfalten und mit etwas kaltem Wasser »versiegeln«. Diese Küchlein in dem kochendheißen Butterschmalz goldbraun braten und anschließend noch 5 Minuten in den Sirup legen.

# Adressenliste

Die nachfolgend aufgeführten Geschäfte führen eine große Auswahl indischer Lebensmittel und versenden sie auch per Post- oder Bahnexpreß (Stand 1993):

*Bashir International*
Torfstraße 24
13353 Berlin
Telefon (030) 4534652
Telefax (030) 4534728

*Claire Zurgeissel*
Rostocker Straße 68
20093 Hamburg
Telefon (040) 2802747

*Indische Gewürze und Spezialitäten*
Vinay Vermani
Marienstraße 9–11
30171 Hannover
Telefon (0511) 363 17 11

*INDU-Versandlädchen*
Turmstr. 7
35085 Ebsdorfergrund
Telefon (06424) 3988
Telefax (06424) 4940

*Maharani – Indisches Gewürzhaus*
Düsseldorfer Straße 13
60329 Frankfurt/M.
Telefon (069) 234776

*Asien-Basar*
Hirschbergstraße 3
80634 München
Telefon (089) 131703
Telefax (089) 132821

# Register nach Sachgruppen

***Currygerichte mit Lammfleisch***



***Currygerichte mit Hühnerfleisch***



***Currygerichte mit Fisch***



***Currygerichte mit Gemüse***



***Kebabs***

***Verschiedene Fleischgerichte***



***Eier- und Milchgerichte***



***Chutneys, Pickles und andere Beilagen***



***Desserts***

# Alphabetisches Register

**G**



**H**



**I**



**J**



**K**

## L



## M

**N**



**O**



**P**



**R**



**S**

**T**



**V**



**W**



**Z**